顧客を売り場に直送する

ビッグデータがお金に変わる仕組み

西田宗千佳
Munechika Nishida

講談社

はじめに◉「見えない」時代に「フェンス」をかけて

▼ソニーの「体験ツアー」

世界で開かれる大きな家電展示会には、できる限り取材に行くようにしている。2013年9月にドイツ・ベルリンで開かれた「IFA 2013」にも、筆者は取材のため参加していた。

IFAの取材中、もっとも印象に残ったのは、ソニーがこのイベントで発表した新スマートフォン「Xperia Z1」だ。といっても、製品が印象に残っているのではない。製品はたしかにいいものなのだが、筆者の印象に残ったのは、記者のPRのために採られた「手法」のほうである。

この種のイベントの会見の後には、プレス関係者を招いてのパーティーが催されることが少なくない。この時も、ソニーはプレス関係者を、バスに乗せてパーティー会場へ誘導している。

バスに乗るとプレス関係者には、全員にある袋が配られた。その中にあったのは、発表されたばかりのＸｐｅｒｉａ　Ｚ１の試用機材である。プレスは全世界から来ていたから、試用機材は１００台近くあったのではないだろうか。要は「ばらまき」だ。記事を書いてもらうため、記者に先行して機材を貸し出す（という名目で配る）ことはよくある話だ。

誤解のないように言っておくが、別に配られたから印象に残ったのではない。正直筆者はこの手のことがあまり好きではない。こうした行為でプレスが「褒めてくれる」と思ったら大間違いだし、配られても褒めるわけではない。

だが最終的に、考えはちょっと変わった。今回ソニーは、「配って人気取り」程度の気持ちでやったのではなかったのだ。

プレスカンファレンス会場からパーティー会場へは、本来、車でなら10分とかからないところだ。だが、バスに乗ってから15分経っても、パーティー会場には着かない。どうも道が違うようだ。

どこに連れていくのだろう……。そう思いながら窓の外を見ていると、目の前に戦勝記念塔が見えてきた。そこから道を周り、6月17日通りをまっすぐ行くと、現れるのはブランデンブルク門だ。

戦勝記念塔からブランデンブルク門への通りというのは、ドイツ観光の定番コース。特に、夕方の日が落ちる頃が美しい、と言われている。折しも時間は20時頃。現地では日が沈んだ直後だ。

「さて、これからみなさんにはバスを降りてもらいます。手元の製品で、ぜひ美しい風景を撮影してみてください。お手持ちの、みなさんのスマートフォンと比べながら」

バス内でそんなアナウンスがあった。

この辺で、ソニーの意図が見えてくる。

Ｘｐｅｒｉａ　Ｚ1は、夜景を含めた微妙な光のシーンでもしっかり撮影できるのがウリの製品だ。夕闇の中のブランデンブルク門ならば、被写体としてうってつけである。本格的なデジカメならそう難しいことではないが、スマートフォンには苦手なシチュエーションである。だが、たしかにZ1では、暗いシーンでも色がおかしくなることも、ディテールがつぶれることもなく、見た目の印象に近い写真が撮影できた。手元にあったソニーの旧モデルや、ｉＰｈｏｎｅとも格段の差があった。

また、この同機種には「Info-eye」と呼ばれる画像認識機能もある。有名な建物であれば、その外形とGPSデータの掛け合わせにより、建物の名前を指摘できる。ブランデンブルク門ならば、写真からきちんと建物の名前を自動検索できる。

この機能を使うには通信が必要。携帯電話の場合、通信可能にするにはいろいろ手間がかかるのだが、貸し出された機材では、すでにすべての準備が整っていた。もちろん、通信費はソニーが支払う形で、だ。

準備はさらに手が込んでいた。

記者に手渡された袋の中には、Z1の良いところや使い方などを詳細に書いた「レビュワーズガイド」が入っていた。通常この手のものは、ワードやパワーポイントの文書を印刷した、単なる紙の束だったりするが、ここで配られたのは、書店で売られる書籍並みの充実度。紙質・印刷も良く、一般的な入門書よりさらにお金がかかっている。

要はパーティーまでのバス移動は、記者にXperia Z1の良いところを理解させるための「体験ツアー」であり、貸し出された機材は、そのために必要な準備がすべて整ったものだったのだ。

パーティー会場で筆者は、ソニーモバイルコミュニケーションズの鈴木国正社長がいたので、この「Z1ツアー」の狙いを聞いてみた。すると鈴木は、ニヤリと笑いながら、筆者にこう語りかけた。

「気がついてくれた？　いやあ、このくらい徹底してやらないと、伝わらないんですよ」

▼エクスペリエンスを伝えるのが大切

筆者のようなＩＴを専門とする記者は、「スマホの新製品」といえば、どこをどう評価すればいいのか、なんとなくわかっている。

だが、製品を買う人々の幅はどんどん広がっており、伝える人々の幅も広がっている。ＩＦＡのようなイベントには、エレクトロニクスやガジェットが専門でない記者も、大勢やってくる。また、専門記者であっても、カメラのどこをどう評価すればいいのか、その評価をどこに行ってテストすればいいのか、といったことを考えるのは大変だ。そこで軸がずれていると、ソニーのアピールしたいものと記事の内容もずれてきてしまう。記者向けにレビュー機材を提供したとしても、メッセージングがずれていれば、彼らにとっては価値がない。

だからこそ、ソニーは報道宣伝戦略の一環として、「Ｚ１の能力をもっとも劇的な形で体験できるツアー」を用意し、記者に対して提示する作戦に出た。ツアーでの写真を記事に使わなかったとしても、レビュワーズガイドを読まなかったとしても、「どこがどう違うか」は記者の頭に刻み込まれている。その後、Ｚ１に関する記事を書く時には、体験した内容が色濃く影響してくるのは間違いない。

当然、ここまでするにはお金がかかる。数百台の機材、それら機材で必要な通信費に、レビュワーズガイドの製作費と、目に見える範囲でも相当のものだ。パーティーやイベントの準備にかかるところまで勘案すると、なかなか大変な額になると想像できる。

ちょうど、知り合いの大手広告代理店の人間が幾人かＩＦＡに来ていたため、こうした事情を話してみると、彼らも感心しながらこうコメントした。

「たしかに、かなりの額をつっこんでいる。しかし、機材のコストは正直問題ではない。そんなものは、イベントでタレントを呼んだり、規模をさらに大きくしたりすれば吹っ飛んでしまう。触らせて、自分たちの考えるメッセージを伝えられるなら、費用対効果は十分」

他方、次のようにも語る。

「ここまでできるのは、製品の出来に圧倒的な自信があるから。少なくともアピールしたいポイントについては、彼らのシナリオ通りに使わせると、どこの誰が見ても図抜けて見える、という自信がないと、この作戦は裏目に出る」

ソニーモバイル・鈴木社長も、その意見をある程度認める。

「いい物ができた自負はあります。こんどはそれをエクスペリエンス、『体験』ベースで伝えなければならない。こういう大胆なイベントができたのは、それを許容するヨーロッパという土地柄、という部分はあると思うけれど、やはり、伝え方が大切だ、という意識はあります」

企業にとっては、テスト機材を提供することも、パーティーを開くことも製品のアピールの一環である。そこに投資したコストを最大限に活用するには、そうしたアピールの場で、製品の強みをしっかり「体験」してもらうのがベストだ。そのために徹底的に環境を整えた……というのが、今回のソニーのPR戦術なのである。

こうした事実は、いったいなにを意味しているのだろうか?

筆者が感じるのは、「ここまでして『体験』させねば、モノを知ってもらうのは難しくなっているのだ」という印象だ。そのためにソニーは、周到な作戦を立て、記者を慎重に「自らが見てもらいたいものを見てくれる環境」に誘い込み、最大の効果をもって「体験」させた。いいものを作ったとしても、それを伝えさえすればいいのではなく、「どう体験したか」が伝わっていくように、道筋を立てていかなくてはいけない時代なのだろう。

こうしたこととは、現状さまざまな世界で広がりはじめている。

人々の視界がどこにあるかを考え、その視界の中に必要な要素を広げ、その後、人々が「自ら選択して体験した」ことによって、より深く商品やサービスのことを理解してもらい、購買や利用に結びつける、という手法だ。

そうした、ある種「見えないフェンスを広げて、顧客を包み込んでいく」手法は、単純にモノを売るだけでなく、コンテンツ販売や行動履歴把握といった、広範な世界につながる可能性を秘めている。

人々の行動を読んで、実際に体験してもらうこと。

それがいかなる世界を最終的にもたらすのだろうか。

本書は、今、ＩＴと製品をつなぐ世界でどのようなことが起こっているかを、多くの人に理解してもらいたい、という狙いで書かれている。製品販売を仕掛けるマーケティング担当者はもちろんだが、サービスや商品を享受する消費者の側も、今の動きを把握しておく必要がある。それによって、良い部分と危険な部分を理解し、よりプラスの方向へ導けると考えているからだ。そのためには、デバイスだけでもなく、サービスだけでもない、より広い視野が必要となってくる。

結論はまた後に述べるとするが、まずはみなさんに、現在足下で起きている「次のデバイスの変化」から知ってもらうこととしたい。

なお、本文では敬称は略させていただいた。

顧客を売り場に直送する　ビッグデータがお金に変わる仕組み　目次

第二章◉地図は「一次元化」する

第三章◉その「行動」で世界が決まる

第四章◉バーチャル・フェンス

第五章◉「知られること」恐怖症

第六章◉行動データがお金を生む仕組み

装幀◉石間淳

第一章◉「メガネ」対「腕時計」

▼グーグルの未来は「メガネ」に

２０１３年２月、グーグルがある製品の供給を、静かに開始した。その製品の名は「グーグルグラス」。写真の通り、メガネ型のコンピュータである。

グーグルグラスは、メガネのようにかけて利用する。右目にかかる部分に小さなディスプレイが装着されており、正面を見ていると、視界の右上くらいに小さな映像が表示される。この、視界の中にあるディスプレイを使うことで、移動しながら映像を確認し、次の行動に生かすことができるようになる。

たとえば「人ナビ」だ。今もスマートフォンのサービスを使えば、ＧＰＳを使って、行きたい場所までの地図を表示してもらえる。だがグーグルグラスでは、道に沿って「どちらへ曲がるべきか」を、より具体的に表示してくれる。さらには、書店の中で自分が買いたい本がどこにあるか、といった、より細かな情報を使った誘導も可能だ。

今いる場所が海外でも、心配はいらない。グーグルグラスに取り付けられたカメラは視界内にある看板を認識し、その中の言葉を認識し、あなたがわかる言葉に翻訳し、移動の助けにしてくれる。道端で見た見知らぬ花も、あなたが望むなら検索対象となり、ネットから名前や生態まで調べられる。アドレス帳に顔写真が登録されている人が目の前に来れば、その人の略歴と前回会った時の情報をそっと教えてくれる……。

こうした、メガネ型のディスプレイとコンピュータが一体になった機器を「スマートグラス」などと呼ぶ。グーグルグラスはそうした機器の中でも、最も期待されている製品の一つである。

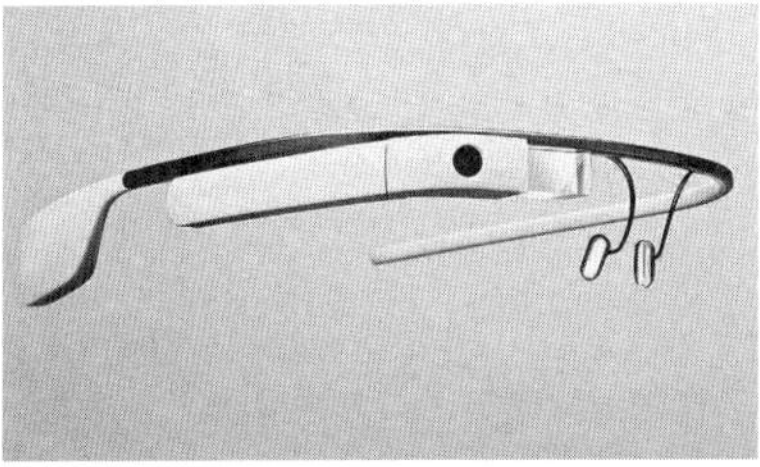
グーグルグラス。2013年秋現在、開発途上で、一般向けの発売時期は未定。

スマートフォンで可能になった、どこでもネットから情報を取得して生活に生かす、という機能をメガネの中に組み込み、視界の中に「つねに表示しておける付加情報」として使おう……というのが、スマートグラスの位置付けである。

まるでSFのようだ、と思うかもしれない。

そう、今語ったストーリーはフィクションに近い。

現在のグーグルグラスはそこまで万能ではなく、できることも限られているのが実情である。まだ一般消費者向けに提供されているわけではない。完成度が低く、主にソフト開発者向けに少しずつ提供が始まっている段階だ。

筆者もごく短時間だが、試してみたことがある。たしかに、歩きながらいろいろな情報を見たり、ナビに生かしたりするのはできそうだ。だが、実際の風景と、グーグルグラスに映る映像は「完全に一体化」しているわけではなく、極論すれば、目の前に小さなディスプレイがぶら下がっているような感じに近い。そのため、両方を気にしながら歩くのは、まだちょっと難しいかな……と感じた。

グーグルはかなりの時間をかけて、この製品の開発を続けている。2010年頃には開発がスタートしており、お披露目が行われた2012年春には、2013年までに一般向けの発売も……といわれていた。だが実際には、開発者向けの出荷が始まったのが2013年2月。その出荷量も限られている。一般向けの出荷は2014年第1四半期より、といわれているが、定かではない。

グーグルグラスのデモビデオより抜粋。右上にナビゲーションが同時表示される。

スマートグラスに注目しているのはグーグルだけではない。グーグルの計画に触発された部分もあるのだろうが、いくつものベンチャー企業が、同様のコンセプトの機器を開発中だ。あのインテルも2013年9月には、グーグルグラスと同様の機器を開発している米・

Recon Instruments社に「相当額の出資を行った」と発表しているし、NTTドコモも、展示会などで試作機を何度も公開している。しかし、そのどれもが未完成、というのが実情だ。

見やすさやバッテリー動作時間など、基本的なハードウエアの完成度にも問題があるのだが、それ以上に課題となっているのは「ソフト」「サービス」だ。

グーグルグラスで想定される使用例を挙げたが、そうした世界を実現するには、適切なソフトとサービスが必要になる。どのように情報を表示すべきなのか、情報はどのように入力されるべきか、そして、スマートフォンなどとの連携はどのような形であるべきか。想像はできるが「実際どうあるべきか」は、とにかく作ってみないとわからない。だからこそグーグルは、そのコンセプトや内容が他社にある程度真似られることも承知で、開発者向けの先行公開に踏み切ったのだろう。

▼スマートグラスを実現する技術

そもそも本質として、スマートグラスを作るためのハードウエア要素は、完璧なものとはいえないものの、数年前からすでに揃っている。

第1にディスプレイ。スマートグラスで使われるようなディスプレイを、俗にHMD（ヘッドマウントディスプレイ）などと呼ぶ。HMDとしては、視界を覆って映像を見せるタイプのものが主流だが、スマートグラスに使われるのは、実景と映像を重ねて見られるものである。日常生活ではまだ見かけないが、「視線をずらさずに見るためのディスプレイ」は10年以上前から実用化され、業務用途ではかなり使われている。たとえば航空機の組み立てや整備など、恐ろしく大量の資料を参照しながらの作業が求められる他、アメリカ陸軍などが作戦情報管理用として利用している。個人向けとしての販売も、何度も試みられてはきたものの、こちらは死屍累々で成功例はない。要は、具体的なニーズが少ないためだろう。

第2のハードウエア要素がカメラだ。

特にこの数年、カメラ撮影のあり方が大きく変わっている。ポイントは「視界」だ。デジタルカメラの小型化・高画質化により、カメラを体や頭の上、車のボンネットなどにつけて撮影するのがとても簡単になった。YouTubeなどを見ると、ヘルメットなどにカメラをつけて、自分がスポーツをプレイする最中を撮影した映像が増えている。そうした用途向けのカメラを「ウェアラブルカメラ」「アクションカメラ」などと呼ぶが、その代表格は「GoPro」だ。四角いコンパクトな形状で、重量も百数十グラム。ハイビジョン映像が撮影できて、価格も300ドルから400ドル程度しかしない。アメリカのスポーツファンや放送関係者を中心に、2008年頃から普及が進み、いまや、スポーツやバラエティの撮影には欠かせない。

魅力はやはり、いままでに見たことのない「他人の体験している視界」の映像が楽しめることだ。しかも、ハードウエアコストが下がっているので、誰もが手を出せる。高度な技術がなくても、撮影技術を持ったスポンサーを持っていなくても、自分のパフォーマンスを世界に公開できるため、スケートボードやスカイダイビングなどの「エクストリームスポーツ」のプレイヤーがこぞって使い始めたところから認知が進んだ。そうしたスポーツの裾野を広げるだけでなく、優秀なプレイヤーの自己プロデュースの幅も広がった。

数年前まで、ＧｏＰｒｏをカメラメーカーとして認知している人はほとんどいなかったが、いまや同社は成長株だ。家電展示会などでも、ニコンなどの大手カメラメーカーと同じ大きさのブースを構え、多くの来場者を集めるまでに成長している。ソニーやＪＶＣなども製品を発売しているが、この市場では完全なフォロワーである。そもそも、ＧｏＰｒｏに使われている撮影用のセンサーがソニー製であることを考えると、少々皮肉な状況ではある。

主観視点映像の撮影は面白い。だがそれだけでなく、そこで得られた映像には、情報として大きな価値がある。携帯電話にカメラ機能が付いた時、それを「親指に目がついて、風景を共有できるようになった」と表現した人がいた。いつでも生活の風景を、親指一つで撮影できるようになったからだ。その考え方に倣うならば、主観視点映像の普及は「視界の共有」である。メガネの横にこうしたカメラ機能が内蔵されれば、見たものを、より意識することなく撮影して共有可能になる。

ただし、倫理的な問題が発生する懸念もある。他人が気づかないうちに写真を撮れるので、そのままではプライバシー侵害や盗撮につながる懸念が大きいからだ。スマートグラスと連携し、ネットへ簡単に送信できるようになれば、そうした問題はさらに大きくなるだろう。また、そうして撮影された映像が、進化した画像検索技術と結びつくと、「自分は気づかれたくないのに、知らない人に自分が誰かを検索・特定され、行動を把握される」といった問題が発生する可能性は高い。だからこそ、こうした「主観視点カメラ」の中でも、サイズが小さくて目立ちにくいものの利用については、慎重にならざるを得ない。だが、そうしたカメラから得られる映像・情報には、いままでのカメラでは得られない、新しい可能性があるのは間違いない。

そして3つ目の要素が、スマートフォンだ。

サイズなどは異なるものの、スマートグラスは本質的に、HMDとカメラをセットにしたような機器だ。だが、そこに大きなパソコンをつないで使うのでは意味がない。ケーブルもなく、それこそメガネやサングラスのように自然につけられるサイズでありながら、インターネットからさまざまな情報を取得できるものである必要がある。ほんの5年前までは、移動しながら大容量のデータを扱うことは非現実的だったが、現在のスマートフォンと、それを支える高速ネットワークがあれば、苦もなく行える。

特に現在のスマートフォンの場合、スマートフォンそのものを中に組み込んでしまうのではなく、スマートフォンを通信機器として使いつつ、情報だけをスマートグラス側で表示する、ある種の「表示機器」として使うことが想定されている。だからこそ、3つの要素技術が揃ってはじめて、スマートグラスは現実のものとなっているのだ。

▼現実解としての「スマートウォッチ」

スマートグラスが注目される一方で、静かに盛り上がり始めているジャンルがある。それは「時計」だ。

ソニーの子会社でスマートフォンなどの開発を担当するソニーモバイルコミュニケーションズは、2011年頃より積極的に「スマートウォッチ」を開発、販売している。見た目はまさに時計だ。腕時計サイズのディスプレイであり、重量も最新の製品では、リストバンドを除くと15・5グラムと軽い。それだけでは本当に時計程度の機能しか持たないが、スマートフォンと連携することで、メールの着信やツイッターの書き込み、スケジュールの確認などが可能だ。音楽プレイヤーのリモコンにもなる。また、アプリを入れれば、天気を確認したり、スマートフォンのカメラの映像を伝送し、簡易モニター兼シャッターとして使うことだって可能だ。

スマートウォッチ開発を手がけているのは、もちろんソニーだけでない。ソニーや東芝のような大きな企業からベンチャーまで、数え切れないほどの企業が、同種のコンセプトの製品を展開中だ。まだまだ開発途上であるスマートグラスと違い、スマートウォッチのいくつかは、すでに市場で手にすることができる。

イタリアのベンチャー企業、i'm SpA が発売している「i'm Watch」には、スマートフォンでおなじみのOSであるアンドロイドをカスタマイズした「i'm DROID」というオリジナルOSが搭載されており、ソニーモバイルのものよりもさらにインテリジェント性が高い。ソニーのものは安価である代わり、機能のほとんどをスマートフォン側に依存する。だがi'm Watch は独立したコンピュータであり、自らがネットに接続し、クラウド上に保存した自分の写真や音楽から好みのものを引き出し、利用することだってできる。心拍数をチェックするセンサーと組み合わせてスポーツ中の変化を記録したり、一定値を超えたら警告を発したり、という使い方にも対応している。

サムスン電子は2013年10月、「GALAXY Gear」を発売した。かなりスマートなデザインになっており、バンド内にはカメラまで内蔵されていて、メモ的に画像を撮影することも可能だ。もちろん、電話やメールの着信管理と応答、歩数計や音楽プレイヤーといった、他のスマートウォッチがすでに持っている機能は備えている。なにより、同社のスマートフォンブランド「ＧＡＬＡＸＹ」の名を冠し、ＧＡＬＡＸＹシリーズのスマートフォンとセットで使うことを想定し、スマートフォンとGALAXY Gear の距離が離れると、警告を発する機能もある。これは、スマートフォンを置き忘れたりした場合に有用だ。

そして、あの大物もこの市場に参入するのでは……との噂が根強い。２０１３年春に、すでにアップルが「ｉＷａｔｃｈ」の商標を、日本を含む複数の国で登録していたことが判明している。商標登録には訴訟対策や類似品対策の意味合いもあるため、これがそのまま商品化の証拠、とはいえない。しかし、数年前よりアップルが「なにか身につけられるデバイスを開発している」との噂は存在する。また最近になって、スポーツ用品メーカーのナイキから、同社で活動量計内蔵フィットネス機器「Ｆｕｅｌｂａｎｄ」の開発にかかわったコンサルタントのジェイ・ブラトニックが、アップルへと移籍していることも明らかになっている。このため「腕時計型でｉＰｈｏｎｅと連動し、フィットネスにも使える機器が登場するのでは」と

サムスン電子の GALAXY Gear。日本でも2013 年 10 月に発売。

の見方が強い。その正体がiＷａｔｃｈであっても、筆者はまったく驚かない。

スマートウォッチもスマートグラスも、その登場の経緯・背景はよく似ている。スマートフォンの定着によってどこでも情報は得られるようになったが、移動しながらスマートフォンの画面を眺めるのは不便なものだ。最近は、「歩きスマホの危険性」を指摘する声も多い。スマートフォンを取り出すことなく、より簡単に情報を見る機器があればいいのではないか、という発想から生まれたのが、スマートグラスでありスマートウォッチだ。

Ｂｌｕｅｔｏｏｔｈや無線ＬＡＮなどを使えば、ケーブルを使わず、必要な情報を周辺機器に伝えるのは簡単なこと。腕時計やメガネといった、日常的に身につけている機器を、スマートフォンと連携する「もう一つのディスプレイ」として使えるのであれば、携帯電話よりも自然に情報を見ることが可能になる。

特にスマートウォッチの場合には、ジョギングやウォーキングなどの結果を記録する活動量計としてのニーズもあり、早期の市場規模拡大が期待されている。スマートグラスを開発中のグーグル自身も、すでにスマートウォッチの開発を行っており、２０１４年には製品化する、との説も根強い。２０１２年８月にグーグルは、スマートウォッチを開発していたベンチャー企業・ＷＩＭＭ Ｌａｂｓを買収しており、グーグル製スマートウォッチへの布石では……といわれている。事実だとすれば、グーグルは「メガネ」と「時計」の両方に手をかけて、準備を進めていることになる。

そこでよりシンプルに「腕時計」にするのか、より未来志向の「メガネ」にするのか。そうした立脚点の違いが、スマートグラスとスマートウォッチに対するアプローチを分けている。

▼ウェアラブルとユビキタスの理念は不変

スマートフォンからスマートグラスやスマートウォッチができる背景には、コンピュータによる「ウェアラブル」「ユビキタス」の実現という、究極の目標がある。

ウェアラブルとは「身につけられる」、ユビキタスとは「遍在する」という意味。要はどちらも、コンピュータがどこでも使えるようになる、という意味を示しているのだが、その狙いは微妙に異なる。

ウェアラブルの狙いは単純だ。つねにコンピュータの力を使えるようにするには、機器として持っているのではなく、衣類やアクセサリーのように身につけるものにしてしまえばいい、という発想になる。現状、さすがに「衣類化」にはいろいろ無理があるが、テクノロジーの進化により、メガネや時計の形にするのは難しくなくなった。

もう一つの要素、ユビキタスは、正確には「ユビキタス・コンピューティング」。言葉くらいは聞いたことがある……という人が少なくないはずだ。2000年代には一種の流行り言葉になったが、以前より耳にする機会はなくなっている。とはいえ、その理念に変わりはない。

元になったのは、1991年、米・ゼロックス社パロアルト研究所の研究者であったマーク・ワイザーが、「サイエンティフィック・アメリカン」誌に寄稿した、これからのコンピュータのあり方に関する論文だ。「どこでもコンピュータが使える」という状態を考察したものであり、ユビキタスという言葉も、そういう意味で使われることが多い。スマートフォンの普及により、そうした状況はある意味当たり前になっているので、ユビキタスという言葉が使われづらくなっている、という事情はあるだろう。

だがワイザーは、スマートフォンやパソコンが軽くなり、どこにでも持ち歩けることを理想としたわけではない。彼は論文の中で「ユビキタスとは、ビーチにコンピュータを持って行くことを指すわけではない」と釘を刺している。

彼の訴えたかったことは、別の現象である。少々概念的な発想なのだが、それは「コンピュータを使う際、そこに何台のコンピュータがつながっているか、どのような方式でつながっているかを気にする必要がないこと」だ。

コンピュータが本当に力を発揮するには、ネットワークでつながり合っていることが必須だ。パソコンであろうとスマートフォンであろうと、そこから「自分が求める情報」を取り出そうとする時には、その情報があるコンピュータへの接続が必要だ。

自分のスケジュールなら、自分のパソコンや、スケジュール情報を管理しているサーバーから取り出すだろう。メールは、メールサーバーから取り出す。ニュースは、ウェブニュースの提供元から取り出す。これから行くレストランの情報は、グルメ情報サイトから取り出すかもしれない。これらの行動は一見複雑に見えるが、「友人と一緒に、メールで打ち合わせたレストランに食事に行くが、その間の交通情報が気になる」といった、ごく当たり前の行動をする際に必要となる要素を分割したものにすぎない。

だがその時、機器によって情報へのアクセス方法が変わったり、取り出せる情報が変わったりするのは理想的ではない。どのような場所からも、どのような機器からも、似たような一つの手段で、複数の情報が取り出せる必要がある。しかも、どこからでも、だ。

といっても、こちらも別に難しい話ではない。今はウェブでいろいろな情報にアクセスできるし、スマートフォン用のアプリでもできる。そうした手法を使うと、使っている人は、情報のありかなどの難しいことを理解していなくても、シンプルに情報を取り出すことができる。スマートフォンでは当たり前に行えていることであり、そういう意味ではすでに、ある程度ユビキタス化している、ともいえる。

だが、スマートフォンはあくまで電話であり、すべてのシーンで理想的であるわけではない。「歩きスマホ」の危険性はもちろんだが、スポーツ中に使うなら腕時計型がいいかもしれないし、世界と情報を「混ぜて見せる」ような、アグレッシブな使い方をしたいならば、メガネ型である必要が出てくる。

人間の行動や五感に合わせた表示と操作を実現するために、複数のアプローチが必要とされはじめている、と理解すべきだろう。

▼高価なスマホが売れなくなる

これらの機器が注目されるのには、もう一つ理由がある。

スマートフォンの次に来るものはなにかを、各メーカーが模索しているからだ。

スマートフォン市場は、2007年に登場した「iPhone」によって開拓された、といっても過言ではない。最初の2年ほどは、動作速度や価格の面もあって、ごく一部の先進的な利用者が支持しているにすぎなかった。だが、今はまったく違う。日本においても、携帯電話の新製品は、ほとんどがスマートフォンになった。アメリカの調査会社IDCの調べでも、2013年1~3月期には、全世界の携帯電話出荷台数において、スマートフォンが、既存の携帯電話（フィーチャーフォン）を抜いた。

今こそスマートフォンは最盛期、と思う人が多いだろうが、メーカーは必ずしもそう思ってはいない。スマートフォンビジネスがメーカーにとってプラスであったのは、平均単価が４００ドル以上の比較的高価な製品が売れやすかったことにある。機能や使い勝手に付加価値を認める、先進国の比較的裕福な層がこぞって購入してくれたためだ。

　だが、そうした層への普及はすでに一段落している。高価なスマートフォンは売れづらくなっているのだ。２０１３年１月、アップルが「ｉＰｈｏｎｅ５」の減産を計画している……との報道が一斉に流れた。アップルの２０１３年１～３月期の決算は、売り上げこそ11%伸びたものの、利益では実に10年ぶりの前年同期比18%減。ｉＰｈｏｎｅ全体の販売数量は伸びているものの、前モデルに当たる「ｉＰｈｏｎｅ４Ｓの値下げ販売が響いた」（アップルの最高財務責任者、ピーター・オッペンハイマー）という。

　ｉＰｈｏｎｅ５減産もｉＰｈｏｎｅ４Ｓの低価格販売も、根本にある問題は同じだ。高価な端末が売れる地域での販売が一段落し、より低価格な端末しか売れない市場へとフェーズが移っているためである。アップルにとって誤算だったのは、高速通信技術「ＬＴＥ」の普及が、ヨーロッパにおいて当初の予想より伸び悩んでいることだ。ｉＰｈｏｎｅ５の売りは、ＬＴＥによる高速通信。だがヨーロッパでは、ドイツやイギリスなどの一部地域を除き、ＬＴＥの普及が進んでおらず、ｉＰｈｏｎｅ５への買い換えが進んでいない。特に南欧では、経済状況の悪化からLTEへのインフラ投資が進まないだけでなく、個人消費の冷え込みも大きい。だからこそ、低価格販売される旧機種のほうが売れ行きが伸びているのだ。

アメリカのような先進国でも、低価格端末の需要は増えている。特にアメリカの場合、全人口の3分の1を占める、比較的所得の低い移民層には、まだまだ最新のiPhoneを買える余裕はない。そうした層にはより低価格なアンドロイドOS採用のスマートフォンや、iPhoneの旧モデル・中古品が人気だ。

また、アジア・アフリカの新興国では、スマートフォンが「ネットも使えてカメラにもなる、万能のエンターテインメント端末」としてもてはやされる一方で、400ドルの端末が売れる状況にない。特にこうした地域では、100ドル以下で買えるスマートフォンが人気であり、そうした所には、アップルや日本・韓国メーカーなどの「高付加価値な最新の製品を売る」企業はなじまない。中国系メーカーが、安い労働力とスピード感を背景にシェアを伸ばしている、というのが実情だ。

日本の場合にも、メーカーの淘汰は進んでいる。日本では携帯電話事業者が、長期契約を前提に端末価格の一部を補填するビジネスモデルが主流であるため、購入者の所得のいかんにかかわらず、高性能・高価な端末が売れやすい。だが、携帯電話事業者としては、戦略を変える必要も出てきた。携帯電話端末はまずメーカーから携帯電話事業者に納入され、そこで彼らの「在庫」となるからだ。「売れない端末」を抱えて在庫と販売管理費増大のリスクを負うのが厳しいため、人気が出る端末だけを少数取りそろえ、そこに販売促進を集中し、リスクを減らす方向へと舵をとりはじめている。

その最たるものが、2013年夏にNTTドコモが採った「ツートップ戦略」である。サムスン電子の「GALAXYS4」とソニーモバイルの「Xperia A」にプロモーションを集中、顧客を集めることで効率化を狙った。またソフトバンクやKDDIも、プロモーションを行う機種を、iPhoneを中心とした数機種に絞っているのが実情だ。

そうすると、ヒットする端末を持つメーカーは販売数量が増えるものの、そうでないメーカーは事業が厳しくなっていく。NTTドコモのツートップ戦略により、ソニーモバイルは2013年上期だけで国内での端末販売実績を100万台近く積み上げたものの、ツートップに選ばれなかった企業のスマートフォン事業は苦しさを増しており、NECカシオモバイルコミュニケーションズが2013年7月に、パナソニックが同9月末に、個人向けのスマートフォン端末市場からの撤退を発表している。

このように、スマートフォン市場が「成熟」するに従い、利益を得られるプレイヤーにも変化が生まれている。現状でのトップメーカーであるアップルやサムスン電子であっても、この先ずっと安泰とはいいがたい。ソニーはエレクトロニクス事業立て直しの柱に、スマートフォンを中心とした「モバイル」を位置づけている。特に日本と欧州では2013年に入って急速にシェアを拡大、トップ2社に肉薄しつつある。そういう意味ではたしかにモバイル事業は重要で、ソニーのモバイル関連の業績は伸び続けているものの、投資家などからは、その長期的効果を疑問視する声が上がっている。

だからこそ今、各社は「スマートフォンの次」に来るのはなにか、を模索している状態なのだ。その中で有望と思われる2つの分野が、スマートグラスでありスマートウォッチである、ということなのである。

▼「スマホの次」をブレイクさせる「用途」はなにか

画期的なすばらしい製品がある日登場し、市場が一変する。

多くの人はそう思っているかもしれない。だが、ほとんどの製品においてはそうではない。今日的な音楽プレイヤーを作り上げた「iPod」(2001年登場)も、今日的なスマートフォン市場を拓いた「iPhone」(2007年登場)もそうである。

2001年当時、音楽プレイヤー市場にはすでに、「パソコンと連携してデータで音楽を聴くプレイヤー」、通称「MP3プレイヤー」が存在した。1998年に韓国・セハン情報システムズ(ちなみに同社は、サムスン電子の子会社である)が「MPMAN」を発売すると、その後さまざまな機器が市場に投入された。ソニーも１９９９年末に「メモリースティックウォークマン」を市場投入しており、この市場では先行組といえた。家電向けＬＳＩ開発を得意とするメーカーは、将来的にこの種の製品が登場することを見越して、１９９４年頃より「１チップでデータを音に変化するＬＳＩ」の開発をすすめてきた。当初は音質も悪くて高価であったため、自動販売機やアーケードゲームなどの業務用機器に使われていたが、コストの低減と小型化により、コンパクトなオーディオ機器に搭載可能になってくると、多くのメーカーがそれを使った「テープもＣＤもいらないウォークマン」を夢想するようになる。

スマートフォンも同様である。１９９０年代、携帯電話の通信方式がデジタルになってくると、携帯電話端末を構成するパーツはコンピュータに近づいていく。２０００年代が近づくと、携帯電話は大きく変化する。日本でｉモードが登場したのだ。ｉモード初期開発チームの一人で、現・慶應義塾大学大学院特別招聘教授の夏野剛は、ｉモードスタート当時、その狙いを筆者にこう語っている。

「インターネットでさまざまな情報を取得できるようになっていたけれど、会社や自宅などの決められた場所でしか使うことはできなかった。仮に情報は少なくとも、トイレや電車の中など、ありとあらゆる場所でインターネットが使えれば大きく変わる。生活の中にある数分の『すき間』を生かせるものができれば、もっと大きなニーズを開拓できる」

同時期、北米でも重要な動きがあった。カナダのリサーチ・イン・モーション（現ブラックベリー社）が、企業向け端末「ブラックベリー」を発売したのだ。1997年当初ブラックベリーは、電話というよりは「キーボードのついたポケットベル」のようなものだった。だがそれでも、企業内に設置するサーバーシステムと連携することで、どこにいても「快適にメールやスケジュールを確認する」ことを可能とした。iモードが「個人のすき間の時間を埋めるもの」だったとすれば、ブラックベリーは「企業人のすき間の時間を埋めるもの」だったわけだ。その後同社の製品は、携帯電話網を使った高度なものへと進化して、重要なサービスの一つとして定着していく。

彼らの狙いは当たり、生活のあらゆる場所でインターネットが使えるようになることで、インターネットの主流はモバイルの方向に動き始める。そうなれば、移動中にインターネットを、より自由に使いたい……と考えるのも自然な話である。iモード携帯電話もブラックベリーも進化を続けていくが、同様に、新しい仕組みによって「次のモバイルインターネット」を目指すメーカーもあった。そうした企業がアップルでありグーグルであった、ということだ。

技術的な要素はつねに検討されている。すでに述べたように、スマートグラスにしろ、スマートウォッチにしろ、開発するための要素技術はすでに世の中に十分にある、と考えていい。現在のスマートグラスやスマートウォッチは、iPodが登場する直前の音楽プレイヤーや、iPhoneが登場する前のスマートフォンに似ている。パーツを集め、ソフトウエアを適切に組み合わせれば、スマートグラスやスマートウォッチを開発することは難しくない。ただ問題なのは、「それを本当に多くの人々が欲しいと考えるか」だ。

iPodが多くのライバルを押しのけ、一気に成功したのは、「自分が持っている音楽のほとんどを持ち歩ける」という機能に加え、「CDに頼らず、音楽を安価に、しかも簡単に買える」というサービスがあったからだ。iPhoneが成功したのも、「タッチで快適に、パソコンと同じインターネットのサービスが使える」という機能に加え、「iPhone専用のアプリを簡単に追加して楽しめる」というサービスがあったからだ。現在の家電製品は、ハードウエアの出来だけで評価されるわけではない。「買うことでどれだけ生活が豊かになるか」が重要であり、それを実現するのは「快適な使い勝手」であり「いままでにないサービス」である。

▼人間の体という「不動産」の価値はとても高い

グーグルは「開発者向け」にしかグーグルグラスを販売していない。バッテリー動作時間や解像度、見やすさなどを含め、普通の人が使うには未熟な点が多い上に、「誰もが使いたい」と思うサービスやソフトウエアが出来上がっていないためである。

スマートウォッチも同様だ。市場にはすでにいくつもの製品が存在するが、どれもヒット商品にはほど遠い。メールの着信やスケジュールを腕で見ることができても、それだけではうれしくない。ソニーモバイルの商品企画担当役員である田嶋知一は、GALAXY Gear の感想を問われ、こう答えた。

「もっとジャンプしてこられたら怖かったけれど、これなら怖くはない。本当の戦いは次のステージ。我々も真剣に次を考えなくてはいけない」

ハードウエアを作るための技術要素はすでにある。だがその上には、スマートグラスやスマートウォッチでなければできない「なにか」が存在していなければならない。アップルのスマートウォッチ参入が、期待と警戒感をもって語られるのは、iPodとiPhoneにおいて、その「なにか」を見つけ、成功のロードマップを描くことに成功した実績を持っているからである。

ソニーの平井一夫社長は、スマートウォッチ・スマートグラス市場の可能性を高く評価している。その上で「スマートフォンよりも厳しい戦いが待っている」とも話す。

「スマホやタブレットなら、いろんな製品をポケットやカバンに入れて持ち運べる。極論、4つ、5つでもいい。でも、ウェアラブルは違います。ブレスレットを4つ、スマートウォッチを2つ、メガネを2つ……なんていう生活はあり得ない。人間の体という『不動産』の価値はとても高く、なにかをつけてもらうのも、その後に買い換えていただくのも難しい」

すなわち、最初に最適なシナリオを見つけ出し、ヒットに結びつけたものが勝ちやすく、そこからの逆転はこれまで以上に難しい、という認識を持っているのだ。

では、「スマホの次」を成功させるためのポイントは、どんな要素になるのだろうか？

多くの業界関係者は、スマートウォッチ、スマートグラスのどちらでも、同じ要素が重要と考えている。それは「位置情報」。自分がどこにいて、そこでどのようなサービスが受けられるのかが、今後大きな価値を持ってくる。スマートフォンの登場とともに注目された要素だが、そこに「自然な姿勢で使える」という、これら2つの機器の要素がかかわってくることで、今までのスマートフォンでは実現できない要素が増えていく。現在発売されている製品には、まだ完全な形では組み込まれていないものの、スマートグラス・スマートウォッチをブレイクさせるのは、位置情報を絡めた新しい使い勝手と、新しいサービスであると、筆者も考えている。

では「位置情報」はなぜそこまで重要なのだろうか？　そして、それによってなにが実現されるのだろうか？

それを次の章から考えていこう。

第二章●地図は「一次元化」する

▼なぜアップルは地図で失敗したのか

　このところアップルは、同社製品で使われるOSの大規模刷新を、毎年同じような時期に行う戦略を明確にしている。同社最大の製品であるiPhone向けのOS「iOS」については、新製品発売が秋である関係から、現在は「秋」が定位置だ。2012年も9月に「iOS6」が登場した。年1回のアップデートは、商品力強化の点でも、ブランド力強化の点でも重要なもの。アップルも当然、ここに力を入れていた。

　iOS6では、機能以上にサービスに力を入れていた。その中でも最大のポイントが「地図」だ。これまでアップルは、iOS上での地図サービスに関してはグーグルと提携、同社の「グーグルマップ」を利用する方針でいた。だがiOS6からはその方針を転換、自社でオリジナルの地図サービスを開始することになった。

　アップルは、同社の強みとする操作性・見やすさなどを軸に、自社の地図サービスを強くアピールした。世界中の都市を建物から地形まで3D化し、好きな角度で、遊覧飛行気分で楽しめる。しかも、カーナビと同じように経路を示すナビゲーション機能も搭載。音声によるコントロールシステムである「Ｓｉｒｉ」とも連携、移動しながら声で命令を伝え、自分が行きたい場所へ画面と声で誘導する……。なかなかに強力で、魅力的な機能だ。

ただ、それが本当に実現していればの話だ。

２０１２年９月半ば、ｉＯＳ６が一般公開されると、地図サービスの出来の悪さに不評が渦巻いた。

羽田空港が、なぜか「大王製紙空港」として表示され、東京にあるＪＲ青梅線・昭島駅の近辺には、謎の「パチンコガンダム駅」が現れた。これはどうやら、駅などのランドマークが本来の位置に表示されず、別の場所にあるパチンコ店や企業が駅名などとして表示されてしまったのが原因であったようだ。ランドマークとして飲食店は表示されるものの、地下鉄の出口や公園、学校が表示されない。繁華街であるはずの駅前にも建物がなく、まるで空き地のように見える。これまでのグーグルマップを使ったものとでは、地図としての品質が大きく劣っていた。当然、ウリであったはずのナビゲーション機能も弱い。

「こんなものでは使えない。今ｉＯＳ５で使っている人は、ｉＯＳ６にアップデートすべきでない」との意見も出るほど。ＯＳアップデートのたびに、若干の不具合はありつつも、ユーザーの支持を確実なものとしてきたアップルとしては、異常事態といえた。

結局アップルは、ＣＥＯのティム・クック自身がこの問題についての謝罪を行った。アプリ配信ストア「App Store」には、グーグルなどの地図アプリを並べた「特集コーナー」が作られ、事態正常化まで「他社の地図サービスの併用も薦める」という異例の状態になった。

▼原因は「ローカル性」の軽視

なぜこのようなことになったのか?

問題は機能ではなく、表示される地図にあった。内容が足りない上に不正確だったのだ。日本の場合、アップルはiOS6向けの地図情報を、国内地図メーカーのインクリメントP社から調達している。それに対してグーグルマップは、国内最大手のゼンリンから供給を受けている。ゼンリンはデータ精度の高さをウリにする企業であるため、「ゼンリンでないため、データ精度が落ちた」といわれることがある。

だがこれは間違いだ。インクリメントPはカーナビ向けなどの地図で経験豊富な企業であり、データの精度や内容に大きな問題はないはず。実際アップルへも、地図データの「素」はきちんと提供されていたようだ。だが、それを実際にサービス上で見る形式にする段階で、アップルは適切な処理を行えなかった。その結果、「地図サービス」としては不適切な内容になってしまったのだ。

アップルがミスを犯した理由は、地図サービスについての経験の浅さにある。地図は国によって、基礎的なデータや扱い方、人々が大切に思う要素が異なる。そのため、ノウハウは国によって異なっており、一国でのやり方で押し通しても通用しない。基本的なミスも見受けられたが、それよりも、各国のニーズをくみ取る部分への配慮が欠けていた。

事実、iOS6の地図は、アメリカでも出来の悪さを指摘されていたものの、日本ほど深刻な問題にはならなかった。日本同様に悪評が多かったのは、イギリスなどだ。

アメリカのように「自動車で移動するのが中心」の国であれば、駅とその周辺に対するランドマークについての要求より、道路の横になにがあるか、その道へ入るためにどう曲がればいいのか、といったことが重視される。だが「鉄道などの公共交通機関のウェイトが高い」国では、まったく逆の情報が必要となる。

アップルは秘密主義であり、地図サービスをギリギリまで一般に公開しなかった。開発者の間では、当初より「完成度が低いのでは」という懸念が存在したが、利用者からフィードバックを受けて完成度を上げるという発想は、その時のアップルにはなかった。開発開始から実質1年半程度でサービスを開始することを想定しており、この点も拙速過ぎた。結局は、「スピード重視」と「秘密主義」という、アップルの成長を支えてきた方針そのものに、大きな躓きの原因が存在した、ということだ。

それに対してグーグルは、地図サービスについては逆のアプローチを採っている。アメリカ国内向けにサービスを開始したのは2005年2月。以来8年以上の時間を使い、サービスの充実に努めてきた。地図データの内容だけでなく、表示方法やナビゲーションのやり方も、各国に合わせたかなりのチューニングが行われている。実際、英語設定にしてアメリカで見た地図と、日本語設定にして日本国内で見た地図とでは、表現手法が異なる。日本国内には地図と関連サービスの担当者が多数いて、地図の間違いや改善点の報告も、つねに受け付けている。

国内のスマートフォン向けナビサービス大手、ナビタイムの大西啓介社長は「情報鮮度が重要。各地域の更新を、つねに責任を持って当たる専任チームの存在が必須」と断言する。同社の場合、情報更新は8時間毎に行い、利用者からの修正依頼は24時間受け付けている。また、各地域の情報はタウン誌などまでチェックし、その中で新店舗の開店情報を見つけたら、開店前から地図に掲載する……という念の入れようだ。要は、そこまでしないと「生きた地図」にはならないのである。

こうした明確な間違いについて、アップルは修正をはじめている。データの修正は日々続けられており、2013年春には「パチンコガンダム駅」をはじめとした明確な間違いはなくなった。まだ情報の少なさは気になるが、必要なランドマークや経路の情報などは組み込まれつつあり、最悪の状態は脱したといって良さそうだ。グーグルにならい、各地域には地図担当が置かれ、地域のニーズにより合ったデータの構築が進められている。アメリカ向けには、利用者からの書き込みを元に店舗情報などを更新していくサービスを運営していたLocationaryという企業を買収、正確で緻密な地域情報の構築を狙っている。

▼「Siri」がすべてを変えた

ここで重要な点が一つある。

iOS6以前も、iPhoneでは地図が使えていた。グーグルと提携して作られた地図機能は、iPhoneの便利さを象徴するものの一つであり、その内容に不満を持つ人はほとんどいなかった。

ではなぜ、アップルはグーグルと離れたのだろうか?

「アンドロイドでiPhoneと競合しているから」

「グーグルに対して支払う地図利用料が大きすぎたから」

などといわれることもあるが、どちらも的外れだ。

たしかにスマートフォン用OSでは競合しているが、両社にとってそれがすべてではない。グーグルの最大の利益は「ネット検索から生まれる広告収入」であり、そのためには端末が多いほうがいい。パソコンから得られる収入には限りがあり、モバイル機器はどんどん重要になってくる。モバイル機器全体をカバーするには、アンドロイドとiOSの両方が必要。グーグルにとってアップルは最大の「パートナー」でもある。iOSも、地図サービスでは別の道を歩むことになったが、検索やメール、予定表などのサービスでは、アップルのものに加え、グーグルのサービスが広く使われている。

グーグルの地図データを使うには、グーグルに対する利用料の支払いが必要であるのは事実だ。しかしその額は、アップルほどの規模の会社が支払いに躊躇するほどのものではなく、地図サービスを一から作ることに比べれば、はるかに安い。

要は、アップルはどれだけ厳しい条件であったとしても「自らの地図サービス」を作る必要性があった、ということなのである。

契機となったのは音声認識を使ったサービス「Ｓｉｒｉ」だ。Ｓｉｒｉでは、利用者の声による命令を分析し、それを操作に使う。だが、単純な「声による命令」ではない。

Ｓｉｒｉに「明日の予定は?」と聞けば、予定表から翌日の情報を検索して表示してくれる。「サザンオールスターズの曲を再生して」といえば、ｉＰｈｏｎｅ内の音楽ライブラリーから、サザンの曲を再生する。命令に検索を加えて、人がやりたいと思うことを、より自然な言葉で対応してくれるよう配慮したサービス……と考えればいいだろう。

より重要なのは、Ｓｉｒｉが位置情報や地図も対象としている、ということだ。Ｓｉｒｉは地図や位置情報とも連携するのだ。「東京駅への経路を」といえば、現在位置をＧＰＳで測定した上で、東京駅までの経路を出す。そのままｉＰｈｏｎｅはカーナビ代わりとなり、声と表示で人を東京駅まで案内する。スマートフォンをカーナビ代わりに、という発想は珍しくないが、問題は操作だ。音声で操作できるなら、車の中ではより安全性が増す。現在アップルは自動車メーカーとのつながりを重視しており、Ｓｉｒｉはそのための武器でもある。

話はこれだけで終わらない。たとえば、なにかを食べに行きたいとしよう。その時にはＳｉｒｉに聞けばいい。「近くのインド料理店」などと問い合わせれば、適切な店を教えてくれて、しかもそこへのナビもしてくれる。自動車が故障した時には「近くの自動車修理工場はどこ?」と聞けばいい。情報を出すだけでなく、電話番号も教えてくれて、そのまま連絡できる。こうしたことができているのは、まだアメリカなど一部の地域だけだが、その価値は、いままでのナビやスマホ検索のレベルを超える。

Ｓｉｒｉがやっていることは、位置情報に合わせて適切な地域情報を検索し、ユーザーに提示することだ。そこにナビゲーションが組み合わさることで、これまでのカーナビではできなかった価値を生み出そうとしている。すなわち、ｉＰｈｏｎｅとネットサービスを組み合わせてある種の「コンシェルジュ」にしようとしているわけだ。

このことは、アップルに新たなビジネス価値を生み出す。

Ｓｉｒｉでリストアップされる場所の候補は、ネット検索と違ってたくさん出しても意味はない。声ではたくさんの情報を読み上げるのは難しいし、コンシェルジュ的に情報を提示する場合には、「適切ないくつか」が表示されたほうが望ましいからだ。

リストの上位に来ることは、対象となる企業にとって大きな価値を持つ。いうまでもなくそこには、広告価値が介在しうる。Ｓｉｒｉを経由して自社が表示されれば、ｉＰｈｏｎｅが自社へ顧客を「連れてきてくれる」ようになるのだから。

ユーザーに利便性を提供する上でも、そこで新しい広告価値を生み出す上でも、地図とそこに付随する地域情報は、今以上に大きな価値を持ち始めている。そこで自由に、自らが思う通りのサービスを構築するには、どこかから地図サービスを借りてくるのではなく、自らがサービスを持つことが重要になる。だからこそアップルは、あえてここで地図サービスの構築を決断し、早急に立ち上げる必要があったのだ。

▼位置×行動情報＝コンシェルジュ

位置情報を重要視しているのは、もちろんアップルだけではない。そもそもグーグルが、

8年も前からグーグルマップを展開しているのは、最終的に地域に密着した情報が価値を持つ、と分析していたからである。

そうした要素は、スマートフォンの登場によってさらに強くなっている。

スマートフォンは通信ができて、どこにいても必要な情報を取り出せる。GPSもあるから、自分がいる位置を認識した上で、そこにあった情報を提示できる。

それはなにもナビだけの話ではない。自分の「次の行動」を指示する、という要素が広りはじめている。

アンドロイドのスマートフォンを使っていると、面白い表示に出くわすことがある。情報を通知する領域に、次のアポイントの場所までの移動時間が表示されるのだ。次の飛行機のフライト予定が表示される場合もある。これは「グーグルナウ」という機能だ。

スケジュールやメールサービスにグーグルのものを利用している場合、利用者の許諾に応じてそれらの情報を解析、あなたが「今いる場所」「今の時間」から想定し、今この場所で必要とされる情報を提示する仕組みになっている。日本語の場合、天気や基本的なスケジュール情報くらいまでしか対応しておらず、機能の価値にピンと来ない人が多いようだが、英語環境の場合にはさらに充実しており、予約しているホテルやレストランの情報、宅配便で送った荷物の追跡に渋滞情報と、まさにその人が求めている情報を先回りして教えてくれようと努力する。

しかもグーグルは、音声認識でもかなりの精度を実現している。ネット検索で取得したキーワード情報と、検索・文章入力などに使われる単語情報を掛け合わせることで実現できたものだ。現在は、アップルも含め、他社も似たようなアプローチで音声認識を行っているが、その精度は、一昔前とは比べものにならない。

アップルがSiriでコンシェルジュを目指すように、グーグルもグーグルナウで秘書を目指している。位置情報を使ったサービスという考え方は、すでに珍しいものではない。どれも、スマートフォンによるネットワークサービス・GPS・地図による地域情報の3点がセットになり、「その場からどう動くべきか」という情報提供の価値を追求している。

もちろん現在は、どちらのサービスも理想通りには動いてくれず、なんとも気の利かないコンシェルジュ、という印象が強い。

だが、そのほとんどは「精度」の問題にすぎない。技術が進歩すれば、位置情報についても、音声認識についても、地域情報についても、より多彩な対応が可能になる。

現在、位置情報はGPSを使い、屋外で利用するものだ。だが今後は、建物の中での位置や、建物のフロアなどもナビゲーションの対象になってくる。大規模な地下街で迷った経験はないだろうか？　そうした場所でも、位置情報は取得可能になっていく。無線LANのアクセスポイント情報を使った室内測位技術も存在するし、擬似的な衛星を室内に設置する方法もある。特に日本国内においては、ＪＡＸＡ（宇宙航空研究開発機構）の考案したＩＭＥＳと呼ばれる疑似衛星技術による屋内測位の導入が検討されている。位置情報そのものの精度も、アメリカのＧＰＳをそのまま使うだけでなく、他国の整備した衛星測位システムに加え、日本独自の測位システムである、準天頂衛星システム「みちびき」を併用することで、より高くなる。

室内においても、ピンポイントで位置を特定できて、基本的な命令入力なら、間違えることなく音声で対応できて、各種地域情報も、経路をはじめビル内のテナントの位置・職種・開店時間からお勧めのメニューまで、しっかりカバーされている。そんな時代が、数年後には見えてくる。

▼「AR」で地図は一次元になる

精度の高い位置認識と行動認識による、コンシェルジュや秘書のようなサービスが実現した時でも、我々は、いちいちスマートフォンの「画面」を見て、目的のアプリを開いてから情報を見る、という今のスタイルを続けているだろうか。そのような疑問が、第一章で説明した「スマートグラス」「スマートウォッチ」に注目が集まる理由である。

ナビタイムがアンドロイド向けに提供している「ARナビモード」。

とりあえず、次の画像を見ていただこう。これは、ナビタイムがアンドロイド用アプリで提供中の「ARナビモード」という機能だ。ナビタイムは、鉄道・バスなどの公共交通機関を多用する日本のニーズに合わせ、ドアtoドアのナビゲーションを提供している。こと日本国内においてのサービス品質は、アップルやグーグルをしのぐ。

そのナビタイムが、次なる「人向けナビゲーション」として開発を進めているのがARナビモードだ。

ARとは「Augmented Reality（拡張現実）」の略で、実景の中に、コンピュータが生成した映像を重ねて表示する技術のことを指す。利用する際には、スマートフォンのカメラを、自分の正面に向ける。すると、そこから取り込まれた実景に、あなたが「進むべき道」を重ね合わせて表示するわけだ。

スマートフォンを使ったナビの欠点は、地下鉄の駅などから出た後「本当はどちら側に歩き出すべきなのか」がわかりづらいことだ。出た瞬間には方向感覚を失っている場合があり、地図が指し示す経路がどちら側なのか、すぐには判断がつかない。しかし、AR技術を使って実景に重ねてやれば、そうした問題は起きない。ナビタイムのシステムの場合、現状では動作速度や精度に問題もあるが、こうしたやり方は、地図の「次」の一手として注目されており、多くの企業が同様のやり方を研究中だ。

現状のARナビの最も大きな問題点は、スマートフォンを掲げながら歩かなくてはならないことだ。だが、これがスマートグラスだったらどうなるだろう？　第一章冒頭で説明した「人ナビ」はこの考え方に基づく。HMD上にAR技術で地図や必要な情報を示して目の前に出し、それによって人を目的の場所へ誘導することで、スマートフォンの画面を見ながら動くよりも、自然な姿勢で情報の活用をしよう……という発想である。スマートウォッチの場合、実景を見せるのは難しいが、正しい方向に歩いているのかどうかを、音や振動などで伝えることで、間違いを減らすことはできる。

若干余談だが、車に搭載する専用ナビの世界でも、AR的手法は注目されている。パイオニアは、2011年より「サイバーナビ」ブランドで、AR技術を採り入れている。車載カメラ映像に車間距離や目的となる建物などを重ねて表示しているが、2012年以降は、フロントガラスの前に「AR　HUD」と呼ばれる透過型ディスプレイをつけると、カメラから取り込んだ映像ではなく、実景の上に、ルート案内の目印などを表示することもできる。

スマートフォンのARナビと発想は同じだ。
ＨＵＤとは「ヘッドアップ・ディスプレイ」のことで、視野内の実景に、コンピュータの映像を映し出す仕組みのこと。軍用を中心に航空機では広く使われていたが、自動車にも広がってきており、トヨタや日産、ＢＭＷなどが一部の高級車で採用している。サイバーナビは、それらよりも情報量が多く、より本格的なナビに活用している点が特徴だ。

単にナビするだけでなく、このAR的要素なり、スマートウォッチの「通知」機能なりが、Ｓｉｒｉやグーグルナウのコンシェルジュ的機能とセットになると、さらに方向性は変わってくる。

仕事中、次のアポイントが近づいてくると、コンシェルジュ機能が教えてくれる。しかも、アポ時間に移動時間分の余裕を足した状態で、だ。移動中はARナビを使うので、迷う確率は減っている。アポ後には、もう夕方。ディナーを予約した店までの経路ももちろん出てくる。移動中、通販ショップに注文し、コンビニ受け取りにしていた書籍が届いた、との通知が出た。帰りにはそれをピックアップしていこう……。

現在我々は、地図を「読んで」今やらなければならないことを「判断」して動いている。スマートフォン時代になって便利にはなったが、「読んで判断」というアプローチは、紙の地図から大きく変わっていない。しかしこのように、コンシェルジュ系機能が示すルートにのっていけば、移動や移動先での行動にかかわる「情報検索」「判断」を最低限に減らすことができるようになる。スマートグラスは「AR」的な情報重ね合わせによる価値を訴求し、スマートウォッチは視覚よりも「通知」に価値を持たせた形で使われるようになるだろう。どちらにしろ、GPSによって位置を把握し、その位置で必要とされる情報を活用することに変わりはない。

こうした要素が広がっていく結果、我々の地図に対する認識はどう変わっていくのだろうか？

ヤフージャパンで地図関連サービスの開発を統括する河合太郎は、これからの地図と情報のあり方について、次のように語る。

「ナビゲーションなりその瞬間の行動に必要な情報なりを最適に伝える手段は何なのか、ということです。ルート案内を開始した時点で、地図は一次元情報なんですよ。『右に曲がる』『左に曲がる』という指示に従えばいい」

地図はいうまでもなく平面、すなわち二次元の世界だった。だが、その場で行きたいこと・やりたいことを組み合わせ、ARのような形で指示されるなら、それは「現地から目的地までを結んだ線」であり、一次元情報になる。人を目的地に導く、という目的は変わらないが、その背後にある技術が変わり、人の判断がかかわるポイントが変わることで、地図という情報の持つ価値は大きく変わるのだ。

▼スマホで生まれた「情報量爆発」

ヤフー・河合が指摘するように、「これからの地図」と「これまでの地図」を分けるものは、「行動把握」の一点に尽きる。

パソコンやフィーチャーフォン時代と、スマートフォン時代とで大きく変わったのが、行動に伴って取得できるデータ量の増大だ。河合は「スマートフォン以前と以後では、取得できる情報量のケタが3つ4つ、それでは済まないかもしれないくらい増えている」と語る。

パソコンで地図を検索する時に地図サービス側が検索者から取得する情報は、いいところ「見つけたい地名」くらいのもの。前後に行きたい場所なども検索しているだろうから、それもあわせて「文脈」として把握することはできるし、IPアドレスからはパソコンが使われているだいたいの場所もわかるが、それでも情報量はたかが知れている。

しかしスマートフォンの場合には違う。検索した場所・時間の情報はGPSでほぼ正確に取得できるし、そこからナビを使って目的地に移動するまでの経路もわかる。また、別に自ら「位置検索」をしていなくても、移動中のGPSデータはつねに検出されており、それもネットワーク側に蓄積される。

パソコンは、良くも悪くも「決まった場所で使う」端末だった。フィーチャーフォンにはGPSもついており、スマートフォンに似たことも可能ではあったが、高度なアプリやサービスの活用を前提としておらず、通信量も少なかった。そのため、人々はスマートフォンの時代ほど活発に情報を利用していなかったし、スマートフォンに比べると、大量にネットにアクセスすることはなかった。フィーチャーフォンからスマートフォンになるだけで、少なくとも10倍、たくさん使う人の場合で60倍近くのデータ通信を行うようになっている。

グーグルの元に残された筆者の「移動履歴」。GPS付きのスマホからはこうした情報がネット上に残る。

画像は、グーグルに残された、筆者のある日の移動履歴である。この日は都心から少し離れたところにある研究機関に取材に行ったのだが、その際の移動状況も把握できる。これらの情報は、移動しているだけで自動的に記録されたものだ。移動距離は集計されているので、1週間のうちどれくらい「自宅」「職場」「外出先」で過ごし、よく立ち寄った場所はどこか、ここ最近旅行した国はどこか……。そうしたことまでわかる。

グーグルナウのように、利用者の行動を先回りするように

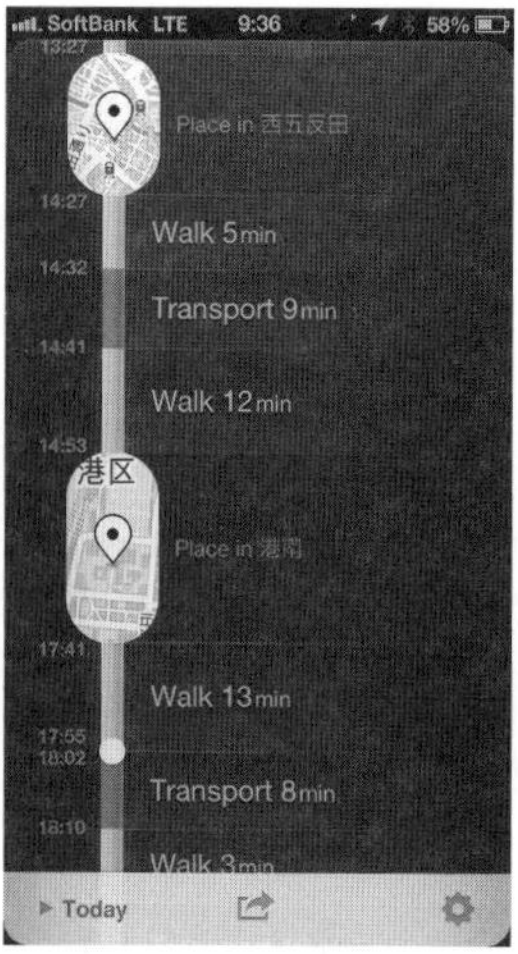

スマートフォン用アプリ「Moves」。主に振動センサーとGPSデータから、自らの行動履歴を類推して記録する。

次に必要な情報を提示することができるのは、こうして記録された位置情報と、メールやスケジュールサービスに書かれた位置に関する情報を連携させているからなのである。

スマートフォン用アプリ「Moves」では、また違った情報が見えてくる。スマートフォン内には、ＧＰＳの他、電子コンパスや振動センサーが入っている。そこから得られた情報を解析すると、いろいろなことがわかってくる。たとえば、歩いている時と走っている時の「振動」は違うはず。自動車に乗っている時のものと、自転車を漕いでいる時のものと、電車に乗っている時のものでも違う。振動解析から、スマートフォンを持っている人がどういう行動をしているかを予想し、さらにＧＰＳのデータと重ね合わせることで、「その人の一日の行動履歴」がわかるようになる。その情報は、自らの記憶を遥かに超える精緻さを持っている。何時何分にどこにいて、何分・何歩歩き、電車に乗っていた時間が何分間かを、正確に覚えている人はいるだろうか？　だが、スマートフォンの持つセンサーとＧＰＳ、ネットサービスの演算力がセットになると、そうしたことは容易に記録可能になる。

　別の例も示そう。

　ツイッターなどのＳＮＳは、スマートフォンを使い、生活のすき間の時間に利用されることが多い。その様子はまるで「21世紀のタバコ」といった趣だ。ＳＮＳへの書き込みを行う際には、書き込んだ時の場所情報も記録されることが多い。そうした情報を使って統計を行うと、いろいろと面白い行動形態が見えてくる。

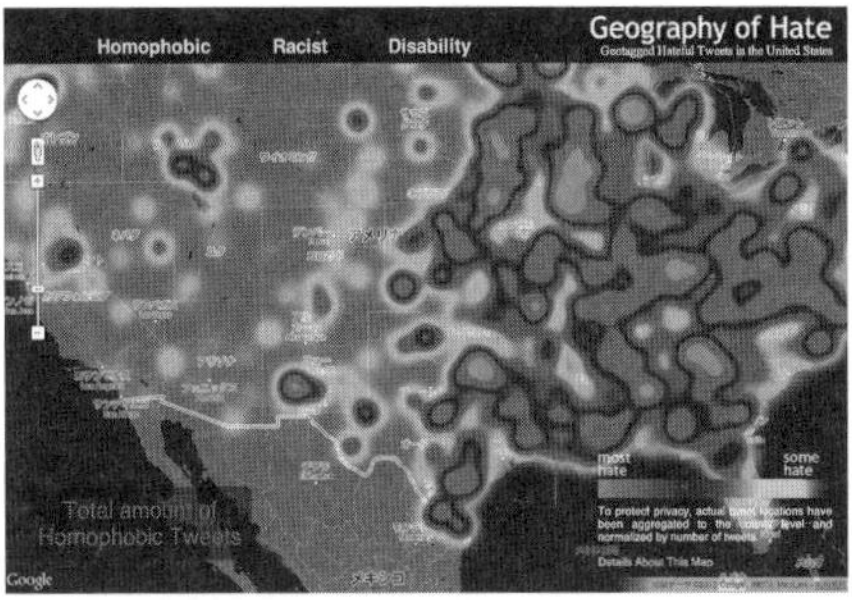

SNSの書き込みを解析し、ヘイトスピーチが行われやすい地域を示した「ヘイトマップ」。

　画像は、米カリフォルニア州・ハンボルト州立大学で地理学を専攻する学生らが作成した「ヘイトマップ」だ。ツイッターのつぶやきから、人種や同性愛者、身体障害者に対する蔑視を意図した内容を抽出、その発言が行われた位置情報と組み合わせることで、ヘイトスピーチが行われやすい地域の可視化を狙ったものだ。現状、差別的な言葉を含む慣用句とヘイトスピーチの識別も難しく、こうしたマップが地域的な差を完全に反映している……と結論づけるのは難しいようだが、言葉と位置情報から人々の行動傾向を分析する試みとしては面白い。

▼大量の行動履歴がレベルの高い行動分析を可能に

ＳＮＳの書き込み情報は、あくまで「自ら公開した情報」という扱いなので、誰もが広く利用できる。ただし、スマートフォンの地図サービスなどが本来取得している情報に比べると、限定された情報しか存在しない。しかし、そうした「一般に公開されている情報」からも、分析のやり方によっては、ヘイトマップのような可視化が行えるようになっている。

データの多彩さに驚く人もいるだろう。

誤解のないよう述べておきたいが、こうした移動履歴・行動履歴の取得は、利用者の許諾の上に行われるのが大原則だ。またその際には、どのような目的で情報を利用するのかも、明示されることになっている。スマートフォンアプリなどで「位置情報の取得に関する許諾」表示が出ることがあるが、それが意味していることは、こうした情報が収集されることを指している。

取得された情報は、企業の中でサービスの改善に使われる場合には、どのデータがどの個人のものかが特定できないよう、個人名を含めた属性をはぎ取った形で利用される。前出のグーグルの情報も、自分のために利用する時以外は、ここまで詳細なデータは利用されない。「自分がいつどのように移動したか」までが確認できるのは、あくまで自分だけ。そうした情報は、「いったい自分はどのようなデータを提供し、蓄積しているのか」を自ら確認するために用意された「アカウントアクティビティレポート」というページで確認できる。

もちろん、こうした情報取得と活用には是非が存在する。その点は第五章で改めて検討したい。だが、まずここで理解していただきたいのは、スマートフォンの登場により、真の意味で「移動しながら、どこでも情報を利用する」時代がやってきたことで大量の行動履歴が生まれ、その結果、よりレベルの高い「行動分析」が可能になる、ということだ。

たとえば、ある場所でラーメン屋を探したとしよう。当然ネットサービス側には、その履歴が残るが、GPSデータとセットになると、もっと深い分析ができる。最終的な移動地点と検索結果をマッチさせれば、「実際にその店に行ったのか」もわかるし、移動にかかった時間や経路の情報を分析すれば、「行ったとして、途中で迷わなかったかどうか」も分析できる。

こうした「行動分析」があってはじめて、コンピュータはコンシェルジュになり得る。位置情報から「その場所に関する情報」を出すのは簡単だが、それでは単に近隣情報の宣伝をしているにすぎない。人々がサービスに望んでいるのは便利になることであって、広告そのものではないからだ。「あなたは次にこういうことをしたいですよね？」という読みがあって、はじめて位置情報は役に立つ。

ＮＴＴドコモは２００８年から、携帯電話向けに、ＧＰＳを使って街中の情報や終電情報を伝える「ｉコンシェル」サービスを展開している。しかしこのサービスは、元々フィーチャーフォン向けに構築されたものであり、「行動分析に伴う行動提示」の部分が弱かった。発想は先進的だったが、好まれるサービスを実現するために必要な要素がまだ欠けていたのだ。もちろん、先を行っているＳｉｒｉやグーグルナウにしても完璧ではなく、「気分の先読み」はまだ弱い。その部分はこれから進化する点だ。

▼ビジネスを変える武器としての「ジオフェンシング」

人が移動した情報は、そこで「なにをしたいか」と大きく関係する。どの場所に行くとどういう行為がおすすめなのか、その場所に行くならどのような情報を出すべきか、ということに絡む行為を「ジオフェンシング」と呼ぶ。ＧＰＳを使った地域（ジオ）データを使い、現実世界の中に仮想的な「フェンス」を作り出して、そのフェンスに触れた人々に情報を与えることをビジネスにしよう……という考え方である。携帯電話でＧＰＳ情報が使われるようになって以降、こうした要素についてはつねに研究が続けられてきたが、スマートフォンが一般的になり、いよいよ現実のサービスとして目に見えるようになってきている。

アップルは、2013年9月に提供を開始したiOSの新バージョン「iOS7」に「iBeacon」という機能を搭載した。iBeaconは簡単にいえば近接通信技術であり、コインほどのサイズのチップとセットで使う。iBeacon対応チップが埋め込まれた場所に人が近づくと、iPhoneがそれを自動的に感知し、自動的に情報を表示する。

2013年秋より、ニューヨークにある野球場、シティフィールドには、このiBeaconが試験的に埋め込まれている。iBeaconはジオフェンスを作るための見えない「杭」になり、来場者に最新の情報を伝えた上で、その来場者が「何回目の来場なのか」をカウントする。現在アメリカ国内では、メジャーリーグ・ベースボールの他、スターバックスやアメリカン航空などがiBeaconの導入テストに参加しており、活用の可能性を探っている。

同様の要素は、NFCと呼ばれる近距離通信技術や赤外線通信など、さまざまな方法を使って試みられてきたが、アップルは次世代向けの基盤であるiOS7で、この要素を本格的に導入してきた。iPhoneの新製品に隠れ、iBeaconはあまり注目されていないが、アップルは「次のビジネスを変える武器」として、慎重にジオフェンシングに取り組みはじめているのだ。

そしてもう一つ、新機種・iPhone5sに搭載された、これからのための布石がある。それが、アップルが「モーションコプロセッサ」と呼ぶ、「M7」というパーツだ。

すべてのスマートフォンには、方角を知るための電子コンパスと、位置や振動を知るためのモーションセンサーが組み込まれている。すでにいくつか例を挙げたように、こうした情報からは、人のふるまいを分析し、次の行動に生かすことができる。

だが、つねに微細な情報を取得して蓄積し、分析を繰り返す行為は、スマートフォンのCPUに負担をかけ、消費電力を増大させる。いくら行動データが活用できるようになっても、スマートフォンの電池がすぐに切れてしまうようでは本末転倒である。

そこで登場するのがM7だ。M7は、そうした情報の蓄積と処理を肩代わりすることで、行動データ処理を行う際の消費電力を最大6分の1にまで下げる。すなわち、自分のいる位置やふるまいによって動きを変えるアプリの開発が容易になるのだ。これがiBeaconと組み合わさると、ずいぶん面白いことになりそうだ。

また、M7のような消費電力を低減する仕組みは、バッテリー容量の小さな機器ほど有効になる。スマートフォンはサイズがそれなりに大きいので、バッテリー容量も小さくはない。だが、「小さなバッテリーしかない」機器に使うことを想定すると、どうなるだろうか。そう、たとえば、腕時計のような……。

▼生の走行データはエコカーの貴重な情報源

スマートフォンの普及によって多彩な位置情報が取得できるようになったことは、他の世界にも波及している。

ナビタイム・大西社長は、自社サービスの利用者から得られたデータ活用の例として、次のようなエピソードを明かす。

「休日には、さまざまな場所でイベントが行われます。多くの人は、その日に備え、前日に『そこへ行くため』の経路検索をします。その情報を集めて分析すると、何時から何時の間に、どこにどのくらいの人が集まるのか、ということがわかってくるんです。そこから混雑予測を出したり、人手が要りそうな地域の店舗などに、ビジネス上のヒントとしてご提案したりできます」

この前提にあるのは、人々が「前もって移動経路を確認する」という行為と、確認した経路情報がスマートフォンで表示され、それを見ながら移動する行為が定着している、ということだ。利用者がナビタイムに入力している情報は「目的地」と「出発もしくは到着時間」だけにすぎない。だが、ナビタイム自身が移動経路の情報を持っているため、それらのシンプルな情報が追加されるだけで、全体での人の流れが見えてくる。

自動車業界も、データ活用を活発に行いはじめている。自動車の世界では、実際に自動車が走った経路から得られたデータのことを「プローブ情報」と呼んでいる。携帯電話網の発達により、車からその種の情報を送信するのは簡単になった。GPSによる位置情報はもちろんだが、走行時の速度情報、加速情報といったものも取得されている。高級車の場合、盗難防止やメンテナンスの観点から、専用通信モジュールを車内に搭載している車種が存在するし、そうでない車種の場合にも、カーナビにスマートフォンを接続したり、スマートフォン自身をカーナビにしたりすることで、プローブ情報の取得が可能となる。

この方向性を強く押し出しているのは、本田技研工業とトヨタ自動車である。

ホンダは1998年より、「インターナビ」の名称でプローブ情報を活用したサービスを展開している。2010年には、「CR-Z」に通信料金を無料にした通信モジュール「リンクアップフリー」を搭載、インターナビの利用者数を急速に伸ばした。本田技研工業・グローバルテレマティクス部の今井武部長は「月に2億キロの走行情報が取得できている。昨年の同時期は1・5億キロだったので、急速な伸び」と説明する。

トヨタも同様だ。「現在アップロードされるプローブデータは、年間に地球を83万周分（約332億km）にもなっている」（トヨタ自動車・常務役員 事業開発本部の友山茂樹本部長）という、スマートフォン向けにも、この情報を使ったナビゲーションサービス「スマートG-B

OOK」を展開している。

プローブ情報から得られるルートの特徴は、実際に走った道であり、そこから解析されたものである、ということだ。速度情報からは、その道がその時間にスムーズに流れていたのかがわかるし、ブレーキを踏んで加速が落ちた回数もわかる。渋滞を回避できるのはもちろんだが、急な加減速の少ない、「よりエコな道」を提示する。トヨタのシステムの場合、プローブ情報は、マイクロソフトのクラウドプラットフォーム「Windows Azure」上でリアルタイムに処理され、利用者に提供される。移動中にも、向かっている先のプローブ情報から得られた渋滞情報を元に、リアルタイムに経路が変わっていくほどだ。

ホンダのインターナビは、エコルートなどの表示はもちろん、もう少しエンターテインメント性もある。夜ならば夜景が美しいルート、海沿いなら海がキレイに見えるルートなども提示する。ベースになるプローブ情報に、地域情報を加えているためだ。

移動の効率化は、ドライバーにとっては大きな価値を持つ。直接的には、そうしたことが、自動車に通信モジュールを搭載する動機となる。

だが、自動車会社側から見れば、プローブ情報を取得することは、広範で価値の高いビジネス構築のための武器でもある。どう加速され、どうブレーキが踏まれているかがわかれば、自動車のエンジンや足回り開発にはとても大きな情報になる。アイドリングストップ車やハイブリッド車、電気自動車などのエコカーでは、バッテリーへの負荷を減らすために、いかに効率的に走れるかが重要な要素となる。そのためには、生の走行データから得られる情報は貴重だ。そしてもちろん、マーケティング上でも、顧客がどう自動車を扱っているかを把握することは大切な要素である。

▼ポイントが使える店にナビで誘導

車に限らず、スマートフォンでの位置情報収集は、各社にとって「利用者への利便性向上」を狙うことだけが目的ではない。

2013年7月、ヤフージャパンと、ビデオレンタルチェーン「TSUTAYA」などで使われているポイントカードサービス「Tポイント」を運営するカルチュア・コンビニエンス・クラブ（CCC）は、両社のポイントサービスをTポイントに統合した。2012年6月に開かれた統合に関する会見にて、次のような例が示された。

ヤフーが提供する地図サービスの上には、各店舗の情報が含まれている。ヤフーでショッピング情報を検索した人に対し、各種店舗を案内する時には、その店がTポイント加盟店かどうかを教える。それだけでなく、近所でTポイントが使える店に、ARを活用したナビを使って誘導する……。そんなストーリーが描かれた。

ＣＣＣには、Ｔポイント利用者のマーケティング情報があり、そこからクーポンなどを使った顧客誘導能力があるし、ヤフーには、地図とネット検索を起点とした顧客誘導能力がある。その両方をうまく統合し、スマートフォンを使った地図サービスでより効率的でわかりやすい価値を提供したいというのが、両社の狙いである。

２０１３年秋現在、ＣＣＣとヤフーの連携は、まださほど大きな効果を生んでいないように見える。だが、Ｔポイントというシステムそのものは、すでに日本で圧倒的な利用率を誇っている。特に20代においては、すでに同世代人口のうち、７割が登録済みである。こうした若い世代がネットショッピングをより利用するようになると、両社の連携はさらに価値を持ってくる可能性は高い。そしてそこからは、さまざまな行動データ、購入データが取得され、蓄積されていくことになるだろう。

CCC とヤフージャパンのポイントサービス統合会見で示されたデモ映像。将来はスマートフォンから、AR 技術を使って「T ポイントが使える店」がわかるようになる。

利便性向上の代償として、マーケティングなどを目的にデータを収集する。

それがどのような意味合いを持っているのだろう

か？

そして、収集されたデータから生まれるのは「マーケティング」だけなのだろうか？

次章では、そうした部分にフォーカスを当ててみたい。

第三章◉その「行動」で世界が決まる

▼選挙結果を「投票1ヵ月前」に的中

2013年7月8日、都内で開かれたある会見に、多くの記者が集まっていた。会見の内容は「参議院選挙の議席予測について」。7月21日には第23回参議院議員通常選挙の投票日を控えており、各種報道機関でも、各政党の「票読み」が積極的に行われている最中だった。

だが、この会見を開いたのは、そうした既存の報道機関でも、政治を研究する機関でもない。予測を発表したのは、日本最大の検索サイトであり、インターネットサービス大手のヤフージャパンだ。しかも彼らは、従来からある票読みのスタイルとはかけ離れた手法で、獲得議席予測にチャレンジしていた。ネット検索大手の選挙予測ということもあり、IT系ではないメディアからも注目が集まった。

一般に票読みは、政治に対する知見や各政党の選挙地盤についての情報を元に行われる。新聞などの報道機関の場合、主に政治担当記者が持ち寄った情報から、長年の経験を元に類推する。しかし、ヤフーで予測を担当したのは政治関連担当の人物ではない。それどころか、ニュースメディアとしてのヤフーの中で働く人々ですらない。

会見で発表を担当した、ヤフージャパン執行役員CSO・事業戦略統括本部長の安宅和人は「あまりにたくさんの方々が会見に来たのでびっくりした。なにしろ普段我々は裏方なので」と戸惑いを語る。彼はヤフーでデータ解析を担当する人物であり、本来メディアや政治とは無縁。そうした人々が、純粋に「検索データの解析」によって、選挙結果の予測を試みた。使ったのは、ヤフーのネット検索に使われるキーワードだ。検索キーワードの中から候補者名や政党名をピックアップし、その量とこれまでの選挙での当落結果の間で相関性を見つけ、その傾向から逆に、「どれだけ検索された人が当選するのか」を予測する、というモデルである。日本に住む80％の人々が、なんらかの形でネットを使っており、その大半がヤフーを利用している。だからそこでの行動である「検索キーワード」には、投票行動が現れてくるだろう……と安宅とそのチームは考えたわけだ。

結果は驚くべきものだった。最終的な獲得議席数と比較しても、一致率は87％もしくは92％。選挙区予測については、議席がまったく一致しなかった県が2つ、一部一致の県も3つもしくは4つしかなく、ほとんどの県では「完全一致」したからだ。この予測は、出口調査結果による分析を除くと、どの新聞社・テレビ局のものよりも精度が高い。しかも、7月8日に公開された予測データは、投票日の1ヵ月も前、6月21日までの検索結果を元にしたものである。精度を上げるために投票日直前まで予測の修正が行われたが、最初の予想と最終的な予想の差異は小さい。

「古いデータで予測しているのに、あそこまで当たってしまうというのはどうなんですかね……と、我々自身が驚いた」

安宅がそう驚くほどに、人々がなにげなく繰り返す「ネット検索」という行動は、人々の投票行動を反映していたのである。

ヤフーが予測しているのは選挙結果だけではない。同社は2013年3月以降、「Yahoo! JAPANビッグデータレポート」として、同社の検索サービスを介して得られたデータなどを使い、社会に大きな影響を与える事象について分析する……というテーマの元に、定期的にレポートを提供している。これまでには、インフルエンザの流行や景気指数などの予測を試みている。

だがこのプロジェクト、ヤフーにとってはボランティアのようなものだという。選挙予測についても広くネット公開されているものの、閲覧者は10万人から20万人程度と多くない。「トップページからもリンクされていない。テレビ局や5大新聞の調査結果に比べれば、社会に与える影響は小さい」と安宅は笑う。しかしそれでも、同社内でこのプロジェクトの評価は高い。

「データ分析等にかかわる多くのヤフージャパン社員は、自分がやっている仕事のほとんどが社外秘なので、人になにをやっているかを伝えられません。『世の中を良くしようとしているんだ、世の中のお役に立とうとしているんだ』といってもなにをいっているかわかりません。もっとわかりやすい例を作ることが必要です。こうしたデータ解析の結果を公開することで、社員の生きがいにもつながるんです」（ヤフー・安宅）

逆にいえば、ヤフーは日常的に、データ解析を業務のために繰り返している、ということでもある。ビジネス戦略の面でも、取り扱うデータの性質の面でも、その業務の特質を外部に伝えるのは難しい。しかし、「Yahoo! JAPANビッグデータレポート」の形でアプローチの一端を外部に公開することで、働く人々のモチベーションアップにつなげよう……という狙いもあるわけだ。

「そもそもネットの情報が、リアルの世界と直結していることを、我々が実感したい。それをもって世の中のお役に立ちたいんです」

安宅はそう話す。

「日常的に我々は、『ネット界で話題になるものと、リアルでのビッグニュースはそれほど相関していない』と体感しています。一般的なニュースのトピックスに選ばれるものと、ツイッターでリツイートされてきたり、ブログなどで話題になるものとでは、まったく違うとはいわないですが、体感としてずれている。ですから、今回分析してみて、強い相関が見えた時には相当驚きました。驚きつつも安堵した、といってもいいでしょう。我々の仕事が、ちゃんとお役に立っている気がしました」

▼サービスを改善するために「解析」される情報

基本的に、我々がネットの上で活動すると、サービス上にはその活動履歴が残る。たとえばネット検索の場合、そのキーワードや検索を行った時間、検索したパソコンやスマートフォンが利用したＩＰアドレスなどだ。そこからは「どの県にあるパソコンから、何時何分にどういうキーワードが検索されたのか」を分析することができる。これがスマートフォン上からになり、位置情報が正確に把握できるようになれば、情報量はさらに増える。実際には、「このページに何度やってきたか」「他のどのページから飛んできたのか」「どのような情報を検索した結果やってきたのか」といった情報もわかる。また、ユーザー登録してから利用するサービスの場合、登録した情報も使えることになるので、「どこの誰が何時になにをしたのか」まで把握可能になる……という仕組みである。

もちろんこうした情報は、通常の状態では、サービスの外に出ることはない。では、サービスの「中」ではどのように活用され、処理されているのだろうか？

ヤフージャパンでデータ分析と活用を担当する、事業戦略統括本部データソリューション本部・本部長の小間基裕は「データの分析は、サービスのパーソナライズと効率化に使われる」と説明する。

現在ヤフーの収益にとって、広告は非常に大きな部分を占める。特に重要なのは「パーソナライズド広告」と呼ばれる形態のものだ。ネット上での行動履歴に基づき、「こうした活動をしている人にはこの広告がふさわしいだろう」と判断した上で表示するものである。こうした広告は、ヤフーの場合、一定の場所にバナーの形で表示する「プレミアム広告」と呼ばれる出稿形態のうち、33％を占め、数十億円の売り上げ規模を持つ。

「現状、パーソナライズしない広告と比較した場合、パーソナライズド広告は、広告のクリック率で2倍、そこからの商品購買率で5倍違う」と小間は言う。データ解析に基づくパーソナライズ化は、それだけ大きな価値を生む。

またそもそも、ネット検索から収入を大きくするには、利用者が減らないよう、つねに快適なサービスであることを担保する必要がある。そのためにも、利用者の傾向を解析することは重要だ。

「たとえば、検索窓の位置を少し変えるだけで、どのくらい利用者が増えるか、ということも分析しています。ある時、窓の位置を6ドットずらすと、売り上げが年額で0・64％変わりました。たった0・64％、と思われるかもしれませんが、我々の検索連動広告の売り

上げで見ると、4・8億円の差になったんです」(ヤフー・小間)

数字は当時のものであり、現在はさらに変化しているという。どちらにしろ、そんなにちょっとしたことで5億円近くも売り上げが変わるのならば、慎重にリサーチを行うのも当然といえる。

たとえば、現在は検索の際にキーワードを入力する手間を減らすため、検索の追加キーワードが提示されるようになっている。この種のキーワードも、検索履歴やページ表示動向を分析した上で作られている。ヤフーの場合、検索行動のうち3分の1は、こうしたキーワードからもたらされるものだ。こうしたキーワードを出す機能を持つことによって、人はさらに検索するようになり、それに伴い、各ページに入れる広告の価値も高まる。これからスマートフォンが中心になっていくと、文字入力がさらに面倒になるため、こうした「キーワード提示」系の機能は重要になる。

現在ヤフージャパンは、ネット検索の「エンジン」そのものではグーグルと提携、同社のエンジンを利用している。そのため、検索結果そのものはグーグルからもたらされる。しかし、検索結果を表示するページの構成は、グーグルとヤフーでは異なっている。キーワードの提示や、検索結果に基づいた表示のカスタマイズには、ヤフー側の解析に基づく技術が使われているからだ。また、ヤフーには「Yahoo!ニュース」を中心としたコンテンツサービスもある。そうしたものを、やはり利用者の行動履歴分析に基づき、ヤフージャパンの検索結果のページに差し込んで表示することで、検索精度や使い勝手の向上に生かしている。

前出の検索窓の場合には、利用者の一部に位置を変えたものを、また別の一部に変えていないものを表示し、両者での違いを評価する、という仕組みが使われている。そうした検証と修正を日々積み重ねることで、サービスは価値を高めていく。

そのためには、ネットサービス側が柔軟に修正可能な体制でなくてはならないし、サービス改訂の根拠として、利用者のふるまいの分析が必要になる。

使いやすいと感じるネットサービスと、そうでないネットサービスの差はここにある。ヤフージャパンやアマゾン、グーグルなどは、どれもこうした修正を日々行える体制を採っており、そのために技術的な工夫も行っている。しかも、そうした修正はよほど巨大なものでない限り、サービスを止めることなく、利用者にも気づかれることなく行える。「サービスを止めたら、その間、お客様を逃がしてしまう」(ヤフー・小間)からだ。

サービスが使いづらいところは、そうした体制が弱い。ちょっとした修正やリニューアルを行う際にも、サービス全体を止める必要があるため、「メンテナンス」という名のサービス停止期間が用意される。そうなると、修正をこまめに行うのは難しくなり、結果的に、サービス改善の速度が落ち、消費者を逃がす。残念ながら、日本のネットサービスにはそうしたところが少なくない。

利用状況に応じて柔軟に改善が行えるシステムを持っていることは、ヒットするサービスを作る上で、いまや必須の要件なのである。

▼ソフトバンクの接続率改善の秘密は「データ解析」

サービス改善という意味では、面白いアプローチを採った企業がある。それはソフトバンクだ。

同社は2013年春頃から、スマートフォンでの通話品質が上がったことをアピールするキャンペーンを行っている。正直、根拠として挙げている「接続率」という値の妥当性については、専門家の間でも意見が分かれており、定性的な値で「つながりやすくなった」ことを示すのは難しい。だが少なくとも、東京都内や大阪などの都市部で利用する場合、筆者の体感としても、ソフトバンクのスマートフォンの「つながりやすさ」は改善しているように思える。

ソフトバンク社長の孫正義は、2013年3月に都内で会見を開き、同社の通信状況について説明を行った。その席上で、スマートフォンでの音声通話のつながりやすさについて、「毎日ナンバー・ワンではないが、少なくとも1位2位を争うところまできている」と宣言した。同様に、データ通信の速度やつながりやすさについても改善しているとした。つながりやすさに関するキャンペーン展開は、この後から本格的に行われており、ある意味この会見が「改善宣言」だったことになる。

この会見で孫が根拠として示したのは、各社のスマートフォンから取得した「実際の通信データ」だった。

「アプリケーションから、月間1・5億件の通信ログを取得し、位置情報や基地局の情報、時間の情報などを分析し、通信状況の改善を行った」

孫は改善の手法を、そう説明する。実際に通信ができた場所・通信が遅かった場所などを地図上にマッピングした上で、問題がある箇所に対して集中的に手当てをしていく、というアプローチを採ることで、大幅な改善を行っているのである。

問題があるところを調べて手当てするのは、どの事業者でもやっていること。特に、通信品質では定評のあるNTTドコモは、豊富な資金力と通信技術についてのノウハウを生かし、エリアの穴を時には人の足で歩きながら確認し、通信インフラの整備をすすめている。だが、ソフトバンクが採ったのはまた別のアプローチだった。

その手法とは、ソフトバンク子会社のＡｇｏｏｐが持つ技術を使ったものだ。Ａｇｏｏｐはスマートフォン用に、近所のラーメン屋を検索する「ラーメンチェッカー」や病院を検索する「病院チェッカー」、「コンビニチェッカー」などの多数のアプリを提供している。また、ヤフージャパンが提供する「防災速報」も、Ａｇｏｏｐが開発している。それぞれのアプリは、利用者に対して求める施設や地域の情報を提供するためのものだ。その時には、当然位置情報などの取得が必要になるし、データを転送するには、その場所でのデータ通信が必要になる。

とすると、サービスを提供しているＡｇｏｏｐの側には、「その場所での通信状況についての情報」が残ることになる。ソフトバンクが利用したのはこれだ。そうした情報からは、どの場所で通信速度が速く、どの時間帯に利用量が多いのか、ということがはっきりとわかる。しかも、アプリはソフトバンクの利用者に限定して提供されているわけではなく、ＮＴＴドコモやＫＤＤＩといったライバル事業者を使っている人にも使われている。そうした利用者から得られたデータと比較することで、自社のサービスがどこで弱く、どこを強化すれば快適になるのか、ということが、より明確になっていくわけだ。

しかもこの手法で改善する場合、利用者側が積極的に「改善すべき地点の情報」を提供してくれることになるため、事業者側が動き回って問題のある地点を探すより効率がよく、コストもかからない。当初ソフトバンクは、この手法で月間１・５億件のデータを集積していた。

Ａｇｏｏｐの柴山和久社長は、２０１３年10月現在では「月間に取得されるデータ量は10億件に達している」と説明する。同社ではｉＰｈｏｎｅとアンドロイドの両方にアプリを提供しているが、アンドロイド版からは「通信速度だけでなく、その場での電波強度まで取得できている」という。そうした情報を分析することで、ソフトバンクの通信サービスは改善していった。

ソフトバンクの通信品質改善は、この技術だけで行われたわけではない。イー・アクセスの買収や総務省への働きかけを通じた「新しい電波帯」の取得による改善点も大きい。だが、派手な買収劇などが目立つ一方で、こうした「データ」を生かした改善の試みを、ソフトバンクは隠し通してきた。いろいろと毀誉褒貶はある同社だが、通信サービスとしての成長に「品質が重要」という認識は正しく、それを実現するためにあらゆる手を採る、という姿勢は、素直に評価していい。

ソフトバンクモバイル・取締役専務執行役員ＣＴＯ（最高技術責任者）の宮川潤一はこれらの情報を使って通信状況をリアルタイム把握し、通信品質改善に取り組む「特別チームが存在する」と話す。

「渋谷のある地域で、連続的に接続率が落ちたことがあります。原因は、我々が把握できない範囲で小さなビルができたためだったんですが、そういった時も、自動的に社内にアラートが鳴るようになっています。すると、特別チームが現地へ飛んでいき、修正をします」

そこで重要なのは「価値判断ができることだ」と宮川は言う。

「データが取れているので、どこの通信速度・接続率をどれだけ上げれば、接続率が0・1%上がる、顧客満足度がこれだけ上がる……という判断ができるようになりました。そうした指針を示せれば、コストをかける意思判断もできる。昔なら1年単位でかかっていたような判断が、1週間単位でできるようになりました」

2013年9月20日、アップルはiPhoneの新型「5s」「5c」を発売した。この2機種からはNTTドコモでも利用できるようになったこと、5s・5cにはKDDIでの通信状況を大きく改善する機構が組み込まれたことなどから、変化の薄いソフトバンクは不利になる……、発売前には、そういう専門家が多かった。だが実際には、ソフトバンクはAgoopのデータを使ったインフラ改善を前倒しにし、発売前日の9月19日までに終える、という荒技で対応した。結果、実際の通信速度では、ソフトバンクが不利、という状況は生まれずに終わっている。

ソフトバンクとAgoopは、データの解析手法などについて「公開しない」としている。ただし、電波の届かないエリアなどの情報については、他事業者から依頼があった場合、提供する用意がある、としている。

▼中小企業でもビッグデータを使える時代

ヤフージャパンのように、ネットである程度支配的な地位を持つ企業には、自動的に大量の情報が集まる傾向にある。人々がサービスを日常的に使えば使うほど、その利用履歴が蓄積されていくからだ。逆にいえば、利用者数が少ないサービスには、さほど情報は集まらない。

この図式は、ある意味で古典的なものといえる。小さな店舗には少ない顧客の情報しか集まらないが、大きな企業には多くの情報が集まる。それを活用してビジネスの効率化を図る、という図式は、いまや当たり前のものといえる。1990年代より、コンビニエンスストア・チェーンや大手宅配便事業者は、仕入れ・配送などの効率化を目的に、顧客情報や経路情報などの収集を行っていた。特に日本国内において、これらの企業はデータ活用の面で先進的であり、巨大なIT投資を成長源泉としていた、といっていい。だから「ビッグデータを経営に生かす」という指針は、決して最近出てきた話ではない、ともいえる。

だが、今日のデータ活用において、大きく変わってきた点も一つある。

それは「データが売買」されることで、以前ならば大規模なデータを活用できなかったような企業や団体でも、その恩恵を受けることが可能になっている、という点だ。ただし、売買されるのは「個人のデータ」ではない。個人の利用履歴や行動履歴から「人の名前」「詳細な住所」といった、個人の特定にかかわる情報を切り離した上で、「30代の男性」「ある車種の自動車に乗っている人」といった属性だけがわかる情報として提供されている。その是非については後の章でさらに分析するが、ここではまず、それによってどういったことが可能になるかを理解しておきたい。

第二章で、トヨタやホンダが、自動車から位置情報などを含めたさまざまな情報を収集し、製品やサービスの改善に利用している、という例をご紹介した。この情報は、道路上での自動車の移動情報としてまとめられ、自治体や企業に提供できるようになっている。

トヨタは2013年6月より、この種のデータを「ビッグデータ交通情報サービス」と名付け、自治体・一般企業に有償で提供する事業を開始した。国内で330万台のサービス利用者から集められた情報は、トヨタがマイクロソフトと提携して運営しているクラウドサービスに搭載され、「どの道をどのくらいの車が、どのくらいの速度で動いたのか」「渋滞しやすい道はどこか」といった形で、地図の上で確認できるようになっている。

こうしたデータは、以前ならば、大手宅配事業者などでなければ使えなかったものだ。しかし、トヨタが提供するサービスを利用すれば、大量のデータを持たない、まだ新興の流通事業者であっても、同種の効率化を試みることができる。しかも、そのための大規模なＩＴ

投資を行うことなく、である。費用は月額21万円から。安価とはいえないが、システムの利用コストとデータの利用コストを兼ねていること、そしてそれが他にない価値を生み出す、と考えれば、法外なものとはいえない。

現状でもこうしたデータは、特に自治体との協力という形で活用されている。ホンダは交通データを使い、さいたま市と共同で、交通の安全性を高める実験をしている。ホンダの元には、自動車の通行データから、「どの道でどのくらい急ブレーキが踏まれたのか」という情報が読み取れる。一方で自治体の側には、どこでどのくらい事故が起きたのか、というデータがある。それを組み合わせることで、事故が起きやすい場所を特定しつつ、事故につながりやすい急ブレーキの徴候、すなわち「事故未満」の案件が多い地域を特定し、その原因がなにか、を解析する試みが行われているのだ。

「この手法のメリットは、事故を未然に防げる可能性が高まること。行政は『結果』のデータしか持っていないが、そこに急ブレーキのデータを重ねることで、事故が起きやすい場所を特定し、改善していくことができる。見通しを悪くする原因となっていた街路樹を移動するなどの対策を行うことで、同じ地点での急ブレーキ回数を7割減らすことができた」

本田技研工業・グローバルテレマティクス部長の今井はそう話す。さいたま市では、急ブレーキの多い「事故の可能性が高い場所」のマップを作って配布することで、事故の防止にも努めている。

こうした試みは、自治体側での問題改善に大きく役に立つだけでなく、店舗などの側でも活用できる。店舗に自動車を誘導しやすくするにはどう出入り口を設計すべきなのか、複数の出店候補地から、どこを選ぶとより有利になるのかといった分析を、実際の交通データから行うことが可能になるからだ。

▼ホンダに残された津波が襲った瞬間の詳細データ

交通データによる生活改善は、2011年3月11日に起きた、東日本大震災以後、より実践的なものとなっていった。大規模災害に際し、自動車からの移動データを持つ企業が協力し、そのデータを一時的に一般公開したからだ。ホンダ・トヨタなどが音頭を取り、関連業界団体のITSジャパンを窓口として、各社に集まる自動車の走行データが、可能な限り速やかに公開された。

3月11日、ホンダはソーシャルメディアを広報活動に本格利用する……とのニュースリリース公開を予定していた。そのさなかに起きたのが震災だった。「結果的に、ソーシャルメディア活用の第1弾が、走行データの公開になってしまった」(ホンダ・今井)のは皮肉な現実だ。結果生まれたのが「自動車通行実績・通行止情報」というシステムだ。同時期に、グーグル社内でも震災への貢献対策が検討されていた。そこに、ホンダが収集していた被災地における自動車の「実走行データ」を重ね合わせることで、実際にどの道が通れておらず、どの道の交通量が多くなっているかを把握し、より効率的で安全な物流・避難が可能になったのだ。

ただしホンダ側には、自動車通行実績・通行止情報で公開されたものよりも、詳細で緻密なデータが残されている。宮城県・石巻市を津波が襲った瞬間の情報である。

「当時、沿岸には11キロもの渋滞がありました。そして、約200人の方が車内で亡くなっています。全体の死亡者のうち、6％が車内で亡くなっているんです。的確に避難できていれば、被害は小さくできたはず」

今井はそう述懐する。渋滞を避けるため、ある車は道をはずれ、津波が来る危険なほうへ走り出し、その後動かなくなった。ある人は、渋滞で動かない車をそこで捨て、助かっている。人の動きと津波の動きが手にとるようにわかるゆえに、その結果が示す事実が重い。

「石巻では、400メートルを動くのに51分もかかるような大渋滞が起こっています。理由は、石巻の道路構造がきわめて悪いからです。橋を作り、道路構造を良くしない限り、どうしようもありません。ですから、我々のデータはすべて石巻に提供します」

震災後10日間の走行データは、すべて行政側に提供されている。そこからより災害に強い街作りを目指すためである。

ホンダとしても、震災から得られた教訓を生かし、サービスの強化を図っている。「インターナビ安否確認システム」では、震度5弱以上の地震が起きた際、自動車やスマートフォンに直接警告を発する。またドライバー自身が自動車の位置情報をつけた形で、家族へ安否情報を連絡できるようにしている。家族の側でも、自動車から通知された最新の位置を確認し、安否情報に生かせるようになっている。

スマートフォンのサービスでは「逃げ地図」も用意されている。現在地から徒歩で逃げる場合に適切な避難場所や、そこへ至るためのルートを表示する。また、事故・故障・火災といった情報を利用者が「投稿」し、全体で共有する機能も搭載されている。

同様の機能は、トヨタや他のカーナビ・サービス事業者にも広がりはじめている。元々自動車の位置データは、渋滞の回避の他、走行傾向を車両開発に生かすことを目的としていた。また、自動車への通信モジュールの搭載により、自動車の動作状況を把握し、整備を含めたサポートサービスの拡充を行ったり、盗難時・事故時の対応を確実なものにする、といった狙いもある。

それに「災害対策」といった側面が加わることで、走行データはよりパブリックな価値を持つことになるだろう。

▼広汽トヨタの店舗では40分の待ち時間を3分に短縮

人の行動情報で業務を改善するという流れは、なにもネットサービスに閉じた話ではない。むしろ、現実の世界に対する影響の大きさが特徴でもある。

そうした点に着目し、業務システムの改革に生かそうとしているのがトヨタだ。トヨタは販売現場の「カイゼン」の一環として、ディーラー向けクラウド型顧客連携ツール「e－CRB」を用意しているが、現在、その後継である「次世代e－CRB」を構築中だ。中でも、もっとも先進的な販売ワークフロー最適化をすすめているのが、中国・広州市の広汽トヨタだ。広汽トヨタは、広州汽車集団とトヨタの合弁会社であり、現地でトヨタ車の製造販売を手がけている。特に同グループ内の旗艦店にあたる「第一店」では、日本では少々考えられないような、大胆な施策を導入している。

最大の特徴は「iPadシフト」にある。

トヨタ自動車・常務役員の友山は「iPad導入以前のe－CRBとは、ワークフローから店内の様子に至るまで、まったく異なる。タブレットの導入が目的ではなく、業務フローの『カイゼン』こそが目的だからだ」と話す。

そのアプローチを、まずは「顧客の来店」から「セールス」まで、順を追って見ていこう。

広汽トヨタ・第一店の入り口には、車寄せに向けてカメラが設置されている。目的は、来店した車を認識し、それに乗っている「客」を知ることだ。その来店者が新規顧客なのか、それともデータベースに登録済みの「再来店顧客」なのかを、ナンバープレートの情報から自動認識する。するとその情報は、店内受付にあるiPadに伝えられ、氏名・属性・担当セールスパーソンが表示されるようになっている。受付担当はそこからすぐに、社内に控えているセールス担当者に情報を伝え、来店顧客を迎える準備をする。

広汽トヨタ・第一店で働くセールス担当は、全員がiPadを持っている。当然通信でつながっており、店内のどこにいても、マネージャーや受付担当からのメッセージが届くようになっているし、顧客の個人情報も、販売する車の詳細情報も引き出せる。だから、セールス担当はiPadを持って、とにかく顧客の元に向かえばいい。

そこまでの時間は、約3分以内。客が店の入り口をくぐる時には、すでに担当が控え、情報を抱えて対応する態勢ができているのだ。入り口に置かれたディスプレイには、顧客の写真とともに次のようなメッセージが表示されている。

「〇〇様、ご来店ありがとうございます」

iPadを使った次世代e-CRBを導入するまで、広汽トヨタ・第一店では、同様のシステムにパソコンを使っていた。データの利活用という点ではiPadに近いことができたが、顧客応対の時にはまず「パソコンが設置された席」に顧客を誘導する必要があった。セールス担当も、パソコンがある「席」に縛られていた。結果、「パソコンの空き待ち」が起き、セールス担当の動きも鈍かった。

新システム導入まで、顧客の来店から対応には、最長で40分もの待ち時間が発生していた。だが、新システム導入後は、97％の顧客に対し、3分以内での対応開始が可能になったという。

このため、店内の人の動きも、従来とはまったく違ったものになった。デスクに固定されたパソコンはなくなり、バックエンドにあるのは、iPadの充電器とキーボードと、自由に座れる長机だけ。コールスタッフや事務スタッフなどはパソコンを使っているが、セールス担当用のパソコンはない。店内でも、車の横やソファなど、あらゆる場所が「セールスの現場」になった。

▼新人スタッフも情報で「エースセールス」に

スピードは大切だが、それだけが目的ではない。「一人の顧客に対し、じっくりとより長い時間をかけて、綿密なご対応が可能になった」（トヨタ・友山）ことが大きい。

現在、iPadを使う自動車ディーラーは少なくない。その多くは、店頭でのインタラクティブなカタログとしての活用だ。広汽トヨタ・第一店でもそうした活用は行っているが、それだけにとどまらない。

顧客が自分でカタログを見ている時、どの部分をどのくらいの間見ていたのか、という情報は、システム側に記録される。カタログの閲覧情報には、セールスに価値を持つ情報が含まれているからだ。セールス担当は、そうしたデータを見つつ、顧客に対応する。

「お客様はオプションのホイールにご興味がおありのようでしたが、こうしたプランはいかがでしょうか?」といった具合に、だ。

データベースに蓄積されている顧客情報の中には、氏名や電話番号の他に、その顧客のSNSの情報も含まれる。SNSの書き込みからは、その人が日常的に行っている行動が見えてくる。顧客の嗜好や家族構成も見える。

「先日キャンプに行かれたんですね? ならばこういった仕様はいかがでしょうか?」というアプローチをするわけだ。

こうした内容は、単に情報として蓄積されているわけではない。セールスのための提案方針は、システム上に蓄積されたこれまでのセールス情報から解析して作られ、iPad上に提示される。

店舗外のセールスでも、このシステムとiPadは活用される。顧客のところに向かう時には、当然支援システムとして iPad を持って行く。複数箇所を回ることも多いだろうから、その経路はシステム側で地図上に示される。その経路でライバルメーカーの車を見つけたら、その位置をマップ上に記録しておく。近くに顧客候補がいる可能性があるからだ。また、そうした情報を元にパンフレットなどを投函したら、やはりその場所と進捗も記録する。そうすることで、次の、別のセールスパーソンのための情報として使われる。

そこまで……と思うかもしれない。しかし、こうしたことは、エース級のセールスパーソンならば、自分の頭の中とメモ帳を武器に、普通に行っていることだ。ただし、それをするには経験も能力も必要であり、すべてのセールスパーソンが同質に行うのは難しい。e-CRBにおいては、iPadとその後ろにあるトヨタの業務支援システムを使うことで、まだ経験が浅いスタッフでも、ある程度質の高いセールス対応が行えるようにしている。

実際、こうした狙いはプラスに働いている。2012年夏から秋にかけて、日中両国の間には尖閣諸島問題に絡み、険悪な空気が広がった。広州でも、日本企業では働きたくないとする社員が増え、広汽トヨタ・第一店でも、一時的に6割もの社員が入れ替わる事態となった。だが、次世代e-CRBが稼働していたおかげで、人的リソースと経験の不足は比較的早期にカバーされ、2013年を迎える頃には、売り上げも元の水準以上に回復していたという。

もちろんこういった活動の目的は、単に営業成績の確度を上げるだけでなく、顧客の情報をしっかり覚え、顧客に対して親身でクオリティの高い対応をできるようにする、という意味もある。

顧客側から「割引」を求められた場合なども、iPadが活用される。これまでは、マネージャークラスの決裁を受けるため、セールス担当が顧客の元を離れる必要があった。だが次世代e-CRBでは、iPadからマネージャーに判断を促すメッセージを送り、その場で判断と承認を得ることができるようになった。顧客を一人にすることなく、より短時間で対応できるため、効率の面でも、顧客へのホスピタリティの面でもプラスとなる。

同様に、セールス後の各種手続きや、その結果の納車日確定といった情報も、iPad上でその場でわかる。サインもiPad上だ。紙に印刷することはない。あくまで「スピード」と「わかりやすさ」を重視した形を採っている。

効率とホスピタリティ。この両面の追求こそが、次世代e-CRBが狙った「販売のカイゼン」なのだ。

さらに、こうした施策は、トヨタの本道である「製造のカイゼン」にもつながる。販売状況が正確に把握できれば、生産や部材調達の効率も上げられる。販売情報は、定期的な整備を中心としたサポートセールスにも重要。サービス入庫は自動車販売店にとって大きなセールスの場でもある。

製造から販売まで一体化したビジネス環境の改善をする「製販一体」体制は、自動車会社にとってひとつの悲願である。日本やアメリカなどでは、製造会社と販売会社が分離しており、それぞれで最適化したビジネスをすすめていて、単純に同じ形にはならない。そこで生まれた利益も、効率的なシステムも存在する。だが、徹底した情報収集と分析、そして活用は、メーカーの姿を変える可能性を秘めている。トヨタは中国という新しい市場において、これからの「製造と販売の形」を模索しているのだ。

▼テレビの内容が「検索」「分析」可能に

ネットが生活に定着し、コミュニケーションの軸としてSNSを利用する人が多くなっている。一方テレビは、このところ旗色が悪い。「番組が面白くない」「ネット対応に積極的でなく、古くさい」などといわれることも多く、メディアとしては最新のものとはいいがたい。

だが、ネットの情報をよく見てみると、そのソースの多くが「テレビ発」であることに気づく。テレビは、日本に住むほぼすべての人が日常的に触れるメディアだ。関東地区の視聴率1%あたり、約41万人に影響を与える（ビデオリサーチの場合）。そのためどんな商品であっても、単純な集客力という点でいえば、いまだテレビに敵うものはない。なにも通販番組の話をしているのではない。ニュースの中で紹介された企業、情報番組の中で紹介された製品、そして、バラエティの中でタレントが訪れたレストラン。そうした情報は、テレビを介して非常に多くの人に提供されるがゆえに、いまだ強い伝播力を持っている。

しかし、そうした情報をメモしておく人は少ないのが実情だ。流れていってしまっては、情報をうまく生かすことはできない。

そのため現在、大手ネット通販事業者では、次のような工夫をするところが増えている。大量の商品を扱うネット通販では、使いやすい検索機能が必要だ。そこで、単に検索機能を提供するだけでなく、テレビで紹介された製品や店舗については、よりシンプルな検索で、目的の情報が出てくるように工夫しているのだ。たとえば、商品を見た番組名と出ていたタレントの名前、商品のジャンルを入力して「検索」するだけで番組を特定し、目的の商品の情報を表示する。もう少し単純な例では、トップページに「テレビで紹介された製品」というコーナーを用意し、情報番組などで話題になった製品の購入ページを並べておく……というやり方もある。

こうした手法を採るには、テレビ番組の中で紹介されたものの情報が提供されている必要がある。だが、テレビ局側でそうした情報を提供しているわけではない。テレビという「流れていく映像」から、検索可能な情報を取り出している人々がいる、ということなのだ。

データ化を担当しているのが「エム・データ」という企業だ。同社取締役・ストラテジックプランニングディレクターの薄井司は「やっていることは至ってアナログ」と笑う。エム・データは、水戸に大きなデータセンターを持っている。そこには100人単位のオペレーターが常駐し、テレビ番組を見ながら、その情報を記録している。4交代制で24時間、全チャンネルを、だ。記録しているデータは多様だ。どの番組のどの部分のコーナーに誰が出演し、どう報じられて、何分・何秒放送されているのか……。そうした詳細な情報がデータベースに記録され、検索・分析可能なデータとして日々蓄積されている。

そもそも、同社はなぜこのようなことをしているのだろうか？　エム・データの前身は、広告代理店にとって必須の作業を代行する仕事を中心としていた。それは、クライアントの製品について、テレビの中で露出した部分があれば、番組本編・CMにかかわらず記録し、資料として提供する、というビジネスだ。そうした資料が存在することで、広告代理店は、広告の価値評価や、番組内での紹介など広告でない情報流通に伴う広告外価値の測定ができる。そうした情報の提供には、映像を分類するために「タグ付け」が必須になる。そうしたタグ情報が増え、データベースとしての価値が拡大した結果、資料提供から進歩・分社化する形で、テレビ情報をデータベース化するエム・データが生まれた。

手作業でデータ化するのは、いかにも効率が悪いように思える。だが、そうしているのはもちろん理由あってのことだ。

「データとして、各番組での『情緒性』も残すためです。同じ言葉、たとえば『ヤバい』という言葉を使った時、それがポジティブな『ヤバい』なのか、ネガティブな『ヤバい』なのかを判別する必要があります。単なる検索や音声認識によるデータ化では混ざってしまう両者を分け、情報としての価値を上げる。そこまでをやるのが、番組表に書かれた情報との最大の違い」

薄井はそう説明する。それでも、熟練したオペレーターの手にかかれば、単純な商品情報だけでよければオンエア後数分で完成し、詳細な「情緒性」を持った情報であっても、放送後1~2時間で記録が終了する。そうしたデータの一部が、通販事業者での「テレビで紹介された商品」情報として使われ、高い売り上げにつながっている。「紹介商品」の数は、東京キー局のエリアだけでも1日300件。大阪・名古屋エリアも含めれば1日700件を超える。そのすべてが通販サイトで売れるわけではない。だが、楽天やヤフーのような大手の場合、紹介商品のうち7割から8割のものが、なんらかの形で売れていくという。

▼1番組800点ものテレビ紹介商品

テレビ番組の分析データは、家電メーカーにも販売されている。レコーダーやテレビにデータが提供されているのだ。そうすることで、録画した番組には「何時何分にどんな内容が放送されていたのか」という情報を付与することができるようになった。ソニーや東芝は、エム・データの情報を使い、録画番組にインデックスをつける機能を実現した。録画番組に本の目次のようなページができて、そこから「見たい部分だけを選んで」見ることが可能になっているのだ。これは、CMスキップよりも進んだテレビの見方といえる。テレビ局にとっては「CMを見てもらえない」「番組全部を見てもらえない」という問題が生まれるものの、他方で、テレビの中でその人が必要とした部分は確実に見てもらえるようになるため、テレビそのものを見なくなるよりはプラスである。また、そうした目次情報には、商品購買につながる情報（たとえば店の紹介ページのアドレスや、商品販売サイトのアドレスなど）を埋め込むことも可能であり、そこからは新しいビジネス展開も考えられる。

こうした流れは、「テレビ」という、流れて消えてしまう部分の多いメディアの情報を、文字の形に変えてデータベース化し、「検索可能にする」行為ともいえる。そもそもテレビは情報の宝庫であったが、その内容は「コンテンツ」として使えるドラマやアニメなどを除くと、うまく活用されてこなかった。流れて消えてしまう情報を、システマチックに再利用できる形にすることで、新しいビジネスの芽が出始めているのである。

しかし、薄井は「まだまだ情報が少ない」ともいう。

「現状、データベースに登録できている商品数は、1エリアで1日に300件程度。しかし、情報番組の中で紹介される商品を細かく分解すると、1番組あたり800点にもなる場合があります。たとえば、情報番組の料理コーナーでトマトが紹介された、マグロが紹介された、といった情報であっても、これは消費を喚起する情報です。そうした固有名詞商品以外のものも入れていければ、ビジネスチャンスは生まれてくる」

人が買うのは「特定の商品」だけではない。固有名詞を持たない一般的な商品についても、メディアからの刺激で消費に結びつくことは多い。料理番組で作っているものが気になって、同じものを夕食に作ってしまう……という話はよくある。そうした部分は、量販店などで担当者がテレビをチェックして対応する場合が多いのだが、当然すべてを把握するのは難しい。こうした部分に、テレビからのデータが使えるようになれば、より確度の高いビジネスが可能になる。

そのために重要となってくるのが、テレビ局側との連携だ。テレビ局側から、より詳細な番組情報が提供されるようになれば、エム・データの負担は減り、単純なデータ化から高度なデータベース化やビジネス構造の構築に集中できるようになる。特に現状、ドラマ内で女優が着ていた服など、放送内で商品の固有名詞がわからないものは、エム・データのようなアプローチでは一般名詞でしか記録できず、単純な消費に結びつかない。そうした部分で固有名詞情報が提供されれば、「具体的な商品紹介」という、すでにうまくいっているパターンのビジネスでも、新しい展開が見込める。

もちろん、そうしたデータの制作は、テレビ局に対して負担をかける。負担に対してどれだけのリターンが得られるか、という点が重要な観点になるだろう。現在テレビ局と関連事業者の間では、テレビの番組表データを超える「次世代メタデータ」の整備が進められている。効率的に番組の付加情報を用意できれば、日常的に「巨大な商品データベース」が生まれ続けることになる。

▼データ解析で「テレビを見ている人の属性」を想定する

さらに、ここにもう一つ興味深い観点が生まれる。

テレビやレコーダーはデジタル機器であるので、いつどういう操作をしたか、という情報を残すのは難しくない。外部に提供されることはないものの、そうしたデータは一部、機器の中に蓄積されている。また現在でも、ソーシャルメディア連携機能などを使った場合には、「今どんなチャンネルを見ながらどういう操作をしているか」といった情報を集めることは難しくない。そこに、エム・データなどが作っている「番組の詳細情報」を掛け合わせると、非常に面白いことがわかってくる。単純に「どの番組がどのくらい見られていたか」

ではなく、「どの番組のどの部分でチャンネルを変え、どの部分をじっくり見ていたのか」といったことがわかるようになってくるのだ。

これは、既存の視聴率に代わるものになり得る。視聴率は、リアルタイムに視聴している人々を、ある程度大まかな世代で分類して把握する仕組みだが、現在のテレビ視聴スタイルには合わない、とも指摘されることが多い。機器の操作ログとあわせて把握するシステムができれば、録画済みの番組などについても指針が示せることになる。もちろん、そうした情報の取得と掛け合わせには、きわめて慎重な対応と議論が必要になる。しかし、テレビという産業の活性化には、新たな評価基準が必要とされており、そこではこうした考え方も必要になるだろう。

海外では、テレビCMについての考え方を大きく変える実験が進みつつある。ソニーの子会社で、ソフトメーカーであるグレースノートは、同社が持つ映像分析システムを軸に、「見ている人に合わせてCMを差し替える」仕組みを開発中だ。簡単にいえば、CMが始まったことをテレビが認識すると、テレビの前で番組を見ている人の情報に合わせ、CMそのものをより適切なものに差し替える、という技術である。

たとえば車のCMを見せるにしても、子供と若者、お年寄りとそうでない人、女性と男性では、本来見せたい車種が異なる。現状では「こういう人がこの時間帯には多く見ているはず」という想定に合わせてCMが流れるが、想定がつねに正しいとは限らない。しかしCM差し替え技術が広まると、見せたい人に見せたいＣＭを流すことが可能になる。アメリカでは２０１３年から２０１４年にかけて、ケーブルテレビ事業者や広告代理店が参加し、実用化に向けた実験が行われる。

こうした仕組みの難点は、「テレビを見ている人の属性」をどうやって取得するのか、ということだ。広告効果を高めるには、その世帯での家族数や年収といった、よりプライバシー性の高い情報が必要になってくる。アメリカのようにケーブルテレビが普及した地域の場合、そうしたサービスの割引などを条件に、プライバシー性の高い情報の提供を求めることが可能かもしれない。しかし日本の場合には、無料放送の地上波が主流である以上、そうした作戦は採れない。

そこで出てくるのが「データ解析」だ。どの番組を見たのか、どの時間に見たのか、どう操作したのかなどの情報から「視聴者のプロファイル」を想定し、その想定に応じてＣＭを見せる……というモデルが考えられるのだ。これは、ネットにおいてネット広告が行っている「パーソナライズド広告」の提供手法に近い。

こうした想定はあくまで将来的なもので、現在はまだ可能性にすぎない。

しかし、ネットに残された情報から人々の行動が「予測可能」であるように、テレビの情報と視聴行動がデータ化されるようになると、視聴行動も「予測可能」になるだろう。そうした変化は、広告というビジネスだけでなく、「テレビを見る」という生活そのものを変えてしまうのは間違いない。

ツイッターはアメリカ国内で「テレビターゲティング広告」というビジネスを展開している。これは、人々が「テレビを見ながら、その内容をつぶやく」という行為を利用したものだ。つぶやきの内容を分析し、そこから「見ていたチャンネル」を予測、さらに、つぶやいた時間を掛け合わせることで、その人が見ていた可能性があるCMを特定する、という技術を元にしている。さらに、人々が直前に「どのCMを見ていたか」を特定することができれば、その記憶が新しいうちにネットでも同じ広告を出し、広告の「刷り込み効果」を高めることができる。「つぶやき」という行動履歴を元に、テレビの持つ広告効果を高めようとする動き、といえる。

▼予測可能な「人の行動」の範囲が広がる

そこまで行かなくとも、現状すでにさまざまな企業が、マスメディアの刺激を受けた消費者がどのような消費行動を起こすのかを、ネットなどに残されたデータの解析から予測する、というモデルの構築を試みている。

そうしたシーンで重要になってくるのは、ソーシャルメディア上での行動だ。ソーシャルメディアに現れるさまざまな書き込みには、商品やサービスに対する好感・不快感が表れている。文字情報を分析していき、そうした傾向を読み解いていくことで、より精度の高い分析が可能になる。

「たとえば、テレビでの露出とSNSでの言及量、ネット検索量などを使えば、選挙の結果はかなりの精度で的中させられます。現状でも、90％強まではきている」

薄井はそう説明する。テストケースとして同社が試みたのが、2012年6月に行われた「第4回AKB48選抜総選挙」の結果予測だ。テレビ・SNS・ネット検索などの情報を掛け合わせて予測したところ、上位16枠中15枠を的中させている。

こうした情報を、最終的にはマーケティングに生かし、ビジネスのための新しい道具とする。それが同社の狙いだ。同社は社内にビッグデータ解析プロジェクト「ライフログ総合研究所」を作り、解析手法とそのビジネス活用を研究している。

マイクロソフトは2013年11月、欧米で新型ゲーム機「Xbox One」の発売を予定している。この機器ではゲームだけでなく、ネットやテレビ放送、音楽視聴などのエンターテインメントを「同時に気軽に」行えるのが特徴となっている。そこで同社は、新しいコンテンツをユーザーに知らせるための方策として、人々の「関係」を活用しようとしている。

「自分がなにをやっているのか、友人がなにをやっているのかがフレンズリストから見えることが、コンテンツの発見ツールとなる」

マイクロソフト・Microsoft Game Studios担当コーポレートバイスプレジデントのフィル・スペンサーはそう話す。「フレンズリスト」とは、Xbox上で一緒にゲームをやっている友人同士のリストであり、別の言い方をすれば、「同じ趣向を持つ人々のつながり」ともいえる。ゲームから音楽・テレビへと関係を広げることで、マイクロソフトのサービスを通じてコンテンツを楽しむプラットフォームを強固にしたい、というのがマイクロソフトの考えだ。そしてもちろん、そこでの購買行動履歴からは、どのようにコンテンツビジネスを運営すべきなのか、どうした方策で売り込んでいくべきなのか、という情報も見えてくることになる。

ネットの活用が広がり、スマートフォンが普及することで、位置情報を含めた「行動の履歴」はネットに残り続ける。それは好むと好まざるとにかかわらず、すでにビジネスに活用されている。今後は「解析可能なデータである」範囲が広がり、予測によって把握可能な「人の行動」の範囲は、さらに広範なものになるだろう。テレビ情報のデータ化は、その一例なのだ。

第四章◉バーチャル・フェンス

▼ロングテールは成立していない⁉

ネットビジネスにおいて、多くの人が信じる法則に「ロングテール」というものがある。元々は、アメリカのジャーナリストであるクリス・アンダーソンが、2004年、自ら編集長を務めていた「ワイアード」誌上で概念を発表、2006年に自著『ロングテール』で広めた理論だ。

世の中には売れるものと売れないものがある。これまでは物流と在庫の関係から、ビジネスを「売れるもの」に集約したほうが良い、とされてきた。しかしネットでの物販が中心となる世界では、販売数量が少ない商品でも、検索などの機能によって「発見」し、購入することができる。販売数量を縦軸に、製品の販売実績を横軸にしてグラフを書くと、販売数量の少ない商品の種類が増え、全体の売り上げで考えると、売り上げの多い製品だけでは考えられない成果を挙げられる。

ロングテール理論は、簡単にいえばそういう仕組みである。アマゾンや楽天での物販を考えれば、話はわかりやすい。一般の店舗では、倉庫や店舗の面積が限られているため、売れないものを長期的かつ大量に在庫しておくのは難しい。しかし、アマゾンのように巨大な備蓄設備と高い検索能力を持つネットショップの場合、一般店舗では在庫しづらいような「レア」な商品も扱える。店ではいくら探しても見つからなかった商品がアマゾンでは買えた、という経験をした人は多いはずだ。

ネットは多様なビジネスを許し、偏りを是正したビジネスを広げる。ロングテール理論は、そうした言説の根拠として使われることが多い。だが、実際にネットビジネスをしている人々、特にコンテンツ系ビジネスを手がける人々の間では、「ロングテール否定論」を耳にすることが増えている。

「販売の偏りはむしろ酷くなっており、売れないものはまったく売れない。尻尾は長くなるどころか短くなりつつあり、尻尾が切れるまでの時間も短くなっている」

そう主張する人々が増えているのだ。

▼アプリの8割はゾンビに

アップルのiOS向けアプリのストアである「App Store」は、2013年5月に累計ダウンロード数が500億件を超えた巨大プラットフォームだ。アプリの登録本数は、同時期で90万本を数える。その後も順調にビジネスは推移しており、本書が刊行される頃には、さらに大きな数になっているのは確実である。

だが、アプリを販売してビジネスをしている人々にとっては、喜ばしい話ばかりではない。プラットフォームは拡大したのに、ビジネス環境はどんどん悪くなっている。統計によって数字は少しずつ異なるが、90万本のアプリのうち、少なくとも8割程度は、ほとんどダウンロードされることのない「ゾンビ」とも呼ばれる存在になってしまっているのだ。アプリを公開したのはいいが、1日のダウンロード数は数本程度で、まったくビジネスにならない……という話は多い。

状況はアンドロイドも似ている。というよりも、むしろ「悪い」とする人々が多い。単価の高いアプリの売れ行きはiOSより悪く、広告ベースの無料アプリばかりがダウンロードされる。しかもそうしたアプリの多くは、人海戦術で中国系メーカーが作ったもので、コストをかけたアプリできちんとお金を取るのは、そうそう簡単な話ではない。

アプリのダウンロード数を分析するサービスである「クエリーシーカー」を運営し、各企業からのコンサルティング業務も行っている、クエリーアイ・社長の水野政司は、「アプリの市場はもう固まってしまっている」と話す。

「アプリの市場は、7割以上がゲームで占められています。ゲーム会社だけが売り上げが上がっていますが、ゲーム以外が伸びていない。特にアメリカはそうです。以前は新興の、インディーズ的なものが出てきて注目されたんですが、今は、突発的には支持されるものの、売り上げで見るとさほどでもない。ディズニーなどの一般的な企業が伸びています」

要は、名前が知れていて著名なコンテンツを抱えている会社の、マーケティング費も投下しているコンテンツが強く、まったく新しくて口コミで広がっていくようなアプリはなかなかヒットしづらい、ということである。

日本でも、スマートフォン向けアプリの売り上げの多くは、「ソーシャルゲーム」と呼ばれるタイプのゲームで占められている。そしてその中心は、テレビCMなどで告知されるものに偏っている。ソーシャルゲームのブームは一段落しつつあるとはいえ、テレビCMに占めるソーシャルゲーム関連企業の比率はまだ大きい。最盛期であった2011年から2012年にかけては、ソーシャルゲーム業界大手のDeNAが、CM放送回数ではトヨタ自動車や明治といった企業に並ぶ（ゼータ・ブリッジ調べ）、トップ10に入る出稿量であったのは、それだけテレビCMが、売り上げアップに効果的であったからである。

▼電子書籍ストアに置いてあるだけでは誰も認識できない

書籍についても似たような現象がある。

日本でも2012年秋にアマゾンが電子書籍サービス「キンドル」をスタートし、主要なプレイヤーが揃ったことから、電子書籍ストアでの販売量は確実に増えている。アマゾン・ジャパンKindleコンテンツ事業部長の友田雄介は「出版社の目の色が変わってきている」と手応えを語る。たとえば、映画やアニメにもなっているヒットコミック『宇宙兄弟』の場合、現在は紙の新刊と電子書籍版の新刊が同日に刊行されているのだが、この場合、アマゾンではすでに、紙版よりも電子書籍版のほうが売れているという。しかも、紙版の売り上げは以前に比べ落ちていないにもかかわらず、だ。こうしたことから、特にコミックに強い大手出版社では、積極的な電子書籍展開によりビジネス拡大を狙う動きが活発化している。

だが他方で、こんな例もある。

ある大物漫画家は「自分の場合、ある月の電子書籍の印税は35円しかなかった」と嘆く。実際には、この数字はキンドル参入前のものだし、現在とはスマートフォンやタブレットの普及度も違うので、単純比較は難しい。しかし、電子書籍の販売実績は、かなり「売れる本」に偏っており、紙でも売れない本は電子書籍でもまったく売れていない。読むのに機器を必要としない紙の本と違い、電子書籍は「機器を持っている」「サービスを使っている」人の数で、利用する人の数も最大限売れる本の数も決まってしまう。紙に比べて電子書籍が売れにくいのは当然なのだが、それでも、知名度などを考えると、もっと売れていいはずの本が、紙の本に比べて売れにくい。

この点については、明確な理由が存在する。売れ行きの良い電子書籍は、ほぼ例外なく「紙でも出たばかりの本」なのだ。

「なんらかの本が出ても、その4ヵ月後になってしまえば、誰もそのことを覚えていないでしょう。その時期にポコッと電子が出ても、売れませんよ。後日販売する場合にも、なんらかの仕掛けを行わないと、残念ながら売れない。しかし、紙の新刊発売時には、出版社さんのほうでいろいろな仕掛けをすでに行っておられる」

友田はそう説明する。実際、書籍のプロモーションは発売日前後に集中する。書店に新刊が並んでいれば、それだけで大きなプロモーションともいえる。そうした状況から出版を知り、電子書籍版を探して買う人も多い。

だが、そうしたプロモーションがなければ、いくら知名度がある筆者の本でも、売れるものではない。電子書籍ストアにひっそりと置かれているだけでは、誰も「その電子書籍が存在する」ことを認識できないからだ。そこで新刊でない本を、わざわざ検索して買おうとする人は、そう多いわけではない。結果、存在を認識できなければ、本が売れるはずもない。

アプリも同様だ。

アプリがまだ物珍しいものであった時代、アプリを探したり試したりすることは、ある種のエンターテインメント性を備えていた。だが、スマートフォンが本格的普及期に入り、アプリが物珍しい存在でなくなると、新しいアプリを発掘して紹介する人も減ってくる。結果的に、新しいアプリが周知される頻度は減っていき、アプリのマーケティングに労力を使う、大手のものに集約されていくのも当然といえる。

ソニー・コンピュータエンタテインメントのゲームソフト開発部門であるSCEワールドワイド・スタジオのプレジデントである吉田修平は、スマートフォンを中心に活動するインディーズ系のメーカーから、次のような言葉を聞くことが多い、と筆者に語った。

「モバイル向けにタイトルを作るのは、もうサイコロを振るようなもの。どんなにいいものを作っても、世の中で知られるかどうかは運次第。怖くて手が出ない」

パイが大きい分ヒットすれば大きいが、それが周知されるかどうかは運次第であり、賭けとして分が悪い……というわけだ。この発言は、「だから、ゲームの存在が周知されやすい、我々のプラットフォームが有利である」という趣旨の発言につながるため、少々割り引いて考える必要はある。だが、ネットにあるものが「簡単に見つかって、大手でなくても売れる」というのは幻想であり、ビジネスが難しくなりつつある、という点は間違いない。

▼ベンチャーに流れる「テレビ放送対策」

ネットビジネスにおいて、ビジネスを周知させるのに「ネットそのものがつねに最強」というわけではない。実際、ベンチャー企業の間では、ある鉄則が語られることが多い。それは、まず「テレビで紹介されること」だ。特に、ニュース解説番組や情報番組で取り上げられることは、明確に直接的な集客に結びつく。その効率の良さは、ある対策を必要とするほどのものである、という。

前章にて、テレビで紹介された製品情報を記録し、通販サービスや検索サイトに提供するビジネスをご紹介した。そういったビジネスが成立するということは、それだけ「テレビから影響を受けて消費行動に移る」人が多いことを示しているし、その影響力の大きさは、ネットビジネスにおいても絶大である。

では、その「対策」とはなんだろうか？　一言でいえば「クラウドの活用」だ。

テレビでネットサービスが紹介されると、そのサービスには人が一気に集まる。人が集まるのは良いのだが、サービスを運営できる限界を超えて集まってしまうと、混雑によってサービスそのものの運営ができなくなる。そうすると、結果的に、テレビによって集客した見込み顧客を逃すだけでなく、サービスの悪評にもつながってしまう。かといって、運営用の機材を増やすのは、後々のことを考えると避けたい。テレビで集まるような客は付和雷同しやすく、必ず定着してくれるとは限らないからだ。機材を導入してリソースを増やしても、運営にかかるコストが上がっては、ビジネス的に厳しい。

そこで使うのがクラウドだ。クラウドサービスを使うと、サービス運営に必要なコンピュータ・リソースを、一時的に増やしたり減らしたりするのが可能になる。サービスによっては、ワンクリックで数分後にはキャパシティを倍にしたりもできるほどだ。

そこで、事前にテレビ放送されるタイミングを聞いておき、クラウドサービスを使ってサービス運営用リソースを「一時的に増加」させておき、テレビ放送による利用者増加に耐えた上で、その後の落ち着きに合わせてリソースの契約量を減らしていって、適切な量へと戻す……というテクニックが採られる。

これも、テレビというメディアが強いがゆえに必要とされている施策であるといえる。

▼なぜキンドルばかり使われるのか

アマゾン・友田は、電子書籍が売れるかどうかを左右するのは「結局ビジビリティ(Visibility、見つかりやすさ)に尽きる」と断言する。存在が認識されるかどうかが売れ行きを左右しており、そのためには現状、マスマーケットにアプローチしているもののほうが有利、ということになる。マスの最たるものはテレビだし、店頭などの力も強い。電子書籍ストアでベストセラーに並ぶのは、ほとんどがテレビドラマや映画、アニメになった作品の原作だ。

これはすなわち、検索という窓に頼る形では、ロングテールにおける「尻尾」を成立させるのは弱い、ということを示している。

ネットの店舗は、事実上無限の在庫を管理できる。だが、画面の上に並べられる商品の数は多くない。アプリストアならば数十点がせいぜいだ。そのため、販売ランキングの影響力は、通常の店舗に比べて高くなる。一般的な店ならば数百の品物を並べることも難しくないし、そこでどう扱うことが売り上げにつながるかも、長い経験から計算できる。しかし、ネットストアでは、採れる方法が限られてくる。

そもそも、ネットストアを「選ぶ」点でも、人々の選択肢は狭くなっている。

みなさんは、ネット通販事業者としていくつの店舗を使っているだろうか？　多い人で5つがせいぜいで、一般的に使うには2つか3つがせいぜいのはずだ。これは、人が使う「リアルな店舗」の数に比べるとずっと少ない。

アマゾンは自社の電子書籍販売について、具体的な数字を発表しない。そのため、キンドルの正確なシェアも公表されていないが、さまざまな出版社や競合電子書籍ストアなどの見積もりを総合すると、2013年秋の段階で、すでにキンドルは日本で40％と、圧倒的なトップシェアであるようだ。2位は楽天の「ｋｏｂｏ」と見られているのだが、ｋｏｂｏのシェアは十数％であり、ダブルスコア以上の差がある。キンドルがスタートして以降、多くの人にこう聞かれた。

「なぜ人は、キンドルばかり使うのでしょうか？　他の電子書籍ストアに勝ち目はないのですか？」

正直、筆者も不思議だった。電子書籍ストアは、それぞれに特徴がある。リアルな店舗のように使い分けが起きてもいいはずだ。もちろん、著作権保護技術による制約などもあって、簡単でない部分もある。でも、ネット通販も電子書籍ストアも、もう少し増えていい。そう考えて、ネット通販に参入する企業は多かったが、結果的に残ったのはいくつかの「大手」だけだった。

「キンドルにはたくさんの電子書籍が売られている。それに比べて他のサービスは……」的な論説を耳にすることがあり、これはいかにも説得力がありそうに思える。しかし、実際にはそうではない。

電子書籍の品揃えだけを言えば、キンドルよりも良いサービスは他にある。キンドルはその点、日本では「悪くないが中庸」な存在である。サービスの使い勝手も同様だ。特に電子書籍端末や電子書籍閲覧用アプリの出来については、他社のほうが良い部分も、キンドルのほうが良い部分もある。

だがそれでも、「キンドルは良いサービスだ」と人々は口にする。「キンドルで初めて電子書籍の良さを知った」という。実際には、それらの要素は「電子書籍そのものの良さ」であり、キンドルしか備えていない要素ではないにもかかわらず、だ。

これはなにを意味しているのか？

要は、人々は他のサービスを知らないのだ。電子書籍サービスを比較検討する人は多くない。多くの人の場合、「アマゾンなら知っているが、他のものはよくわからない」というのが実情だろう。2位が楽天であるのも、楽天がネット通販企業として著名であるからだ。こうした新しいサービスにおいても、「見つからない」ことは致命的であり、1年以上先行していたとしても、クオリティと知名度を十分に兼ね備えた「本命」に後から追いかけてこられると、よほど先に定着していない限り、圧倒的に不利な状況が生まれてしまう。

▼「広くて狭い」ネットの問題点

こうした現象はなぜ生まれてしまうのか？

筆者の結論は、そもそも「ネットで探す」「ネットで選ぶ」という行為を、人は楽しんでいないのではないか……ということだ。店を切り換えたりなにかを探したりするのが面倒だとすれば、店は「欲しいモノが見つけやすくて、いつも使っている」ところ一つでいい。使い慣れたところなら信頼感もある。

店のバラエティは「視界の広さ」につながる、といってもいい。そこでいろいろな商品や情報に触れられることが、新しい発想を生み出す。しかし、特定の店しか使わないなら、そういう形は生まれない。

これはなにも、アマゾンなどの「強い店舗」を批判しているわけではない。そうした企業は、日常的な使いやすさや買いやすさを改善することで勝利してきた。それはそれで大変なことだ。

だが、ネットで行動する場合、情報の窓口はさほど多くない。だからこそ、リアルに存在するマスの情報の影響が、より極端な形で反映されることになる。すると、多様な情報に基づく消費行動であるロングテールは成立しづらくなっていく。

ロングテール理論については、比較的早期から疑問を投げかける人々が少なくなかった。ハーバード・ビジネススクール准教授のアニタ・エルバースは、「ハーバード・ビジネス・レビュー」2008年7〜8月号に「ロングテールの嘘」という論文を掲載している。エルバースは、主にオンラインとオフライン、両方の音楽および映像（DVDを含む）の売り上げデータを検討し、「オンラインでもメディア販売でも、人気商品が売り上げのほとんどを占めている」「売れ行きの小さなマイナーコンテンツを好む層は、コンテンツの消費量そのものが多く、実際にはメジャーなものも多く消費している」ことを確かめた。

その上で、メディア系企業に次のような助言を与えている。

「ブロックバスター戦略（ヒットが見込めるものに注力すること）は継続する」

「ニッチ商品がヒットするチャンスはさらに下がる」

「オンラインでの露出を増やし、単体商品でなく、商品ポートフォリオ全体での需要を、主力商品を軸に押し上げること」

この3つはまさに、今挙げた「オンラインコンテンツのジレンマ」の解決策そのものといえる。

その背景には、ネットというメディアの「無限の広さを持つのに視界は狭い」という性質があると考えると、いろいろ納得できる。

▼炎上するのに「武勇伝」をネットに公開する人たち

ネットでは「炎上」と呼ばれる案件が問題になる。なにか不適切な出来事が起きると、ソーシャルメディアや掲示板などに人々が集まり、その火元になった企業や人物を非難し、事が大きくなっていく様のことだ。

ちょっと前まで、ネットでの「炎上物件」は企業や有名人が対象だった。枠組みとしては単純だ。どんな企業でもどんな有名人でも、ひとかけらも問題がないわけではない。ちょっとした発言や製品に対する不適切な対応で、その内容が批判される。もちろん、そうしたことはマイナスイメージにつながるし、適切な対応が必要となる。

だが、特に最近増えている「炎上物件」は、やや質が変わってきている。

対象となるのは個人、しかもたいてい、若い層だ。

アルバイト先の飲食店で、備品や食材を使って「いたずら」をする行為を写真に撮り、SNSへアップした事例。未成年なのに飲酒の様子を公開した例。来店した芸能人や有名人について、SNSで詳しい情報を話してしまった例。

どれも、たしかに行動としては不適切なものだ。どれもすべきではないし、中には違法な行為もある。特に食品がかかわる業種での事例は深刻で、謝罪はもちろん、店舗や機器の清掃を改めて行う必要に迫られた企業は多い。問題が発生した店舗そのものを閉鎖してしまった例まである。いたずらをした個人が再教育を受けたり、解雇されたりしているのはいうまでもない。

だが、だ。

こうしたことは、仲間内で話している分には、さほど大きな問題にならないものだ。若い時のちょっとした「武勇伝」を飲み会などで語る人は、少なくないはずである。法律違反とはいえ、そうした行為は日常にあふれている。それがネットを介して可視化された結果、問題は大きくなってしまった。特にソーシャルメディアが発達して以降、伝わってきた情報を他の人に伝えるのはとても簡単になっており、特に「面白そう」な話題は、恐ろしいほどの速度で広がっていく。そうした流れに乗ってしまうと、「知られなければ大事にはならなかった」ような話でも、ある程度大事にならざるを得ない……という背景はあるだろう。

ここでひとつ疑問がある。

そうした「炎上する若者」は、なぜ自らのいたずらを、ネットの上で公開してしまうのだろうか？

ネットの上に書き込んだメッセージやアップした写真は、サービス側で「まったく公開されない」状態に置かれていない限り、他人も見ることができる。ツイッターのつぶやきも、ブログの書き込みも、広大なネットの中から見つけるのは容易ではないものの、たしかに「世界中に公開」されているのだ。フェイスブックなどの場合、「友人にしか公開しない」という設定もあり、こういった機能を使えば他人には見られないのでは……と思われがちだが、話はそんなに簡単でもない。友人だと思っている人が他人に伝える可能性も高いからだ。「ここだけの話」とつけて信頼できる人にだけ話したと思ったものが、いつのまにか意図しない人にも伝わっている、という経験は誰にでもあるはず。ネットでも事情はまったく変わらない。

にもかかわらず、彼らはネット上に、嬉々として「武勇伝」を晒してしまう。

その理由は、本章で述べてきた事象と関係している。彼らの視線で見れば、ネット上に情報を公開することは、仲間内の飲み会で話すのと変わりないのだ。

このようになる原因は、SNSなどの構造にある。

SNSは基本的に、興味がある人や友人と関係を築くためのものだ。誰と交流するのか、誰の情報を見るのか、といった点は、基本的に自分で選ぶ。そうすると、SNSを介して目の前に見えるのは「自分が選んだ人やモノだけがある世界」になる。そこに情報を公開するのは、本質的には、世界に情報を公開することに他ならないのだが、自分が選んだ「仲間内」の場所に対して情報を出しているような気安さが生まれる。もちろん、最初から「広く武勇伝を知らしめたい」という浅はかな若者もいるだろうが、たいていの場合には、そこで情報を出すことが「世界に自らの愚かさを発信している」ことにつながっている、とは考えていない。

こうした事実を「若さゆえの思慮の薄さ」だとか「ネットリテラシーの欠如」というのは早計である。ネットの持つ、自己選択的な「狭さ」という特性は、誰にだって影響を与えているのだ。

▼ネットコミュニティでは情報の選択肢が狭くなる

テレビや新聞などでなにかが話題になると、ソーシャルメディア上では「なんでそんなものが話題になるのか。私の身近では流行っていない」という反応が出てくる。そうした反応はそのまま、「誰かが『流行っていること』にして、プロモーション効果を狙っているのだろう」という穿った見方になりがちだ。もちろん、メディアに出る話題の中には、そうしたある種の「仕掛け」があることは否定しない。だが、自らの目に見えないからといって「流行っていない」と考えるのは正しくない。

すでに述べたように、ソーシャルメディアで人は「選択的」に情報ソースとなる人物を選ぶ。多くの場合には友人だろうが、有用な情報を紹介する人物を選ぶ場合も多いだろう。筆者もジャーナリストという立場上、さまざまな情報をツイッター上で公開しているが、多くの方々からは、そうしたものを期待してフォローされているものと思う。

そうして選んだ情報ソースは、自らが快適と思うものか、興味があるものがほとんどだろう。そうやって作られた自らのタイムラインは、無駄なく情報を共有し、快適な生活を営む上ではとても有用である。

だが逆にいえば、そうやってソーシャルメディア上で見る風景は、決して多様な姿ではない。ソーシャルメディアで「友人」同士である人々は、やはり同じような分野に興味を持っている場合が多い。そうしてコミュニティが熟成されると、視界は自らの選択によって狭くなっていくのである。

コミュニティが違えば、そこで流行るものも異なってくる。あるコミュニティではネットゲームが流行っているかもしれないし、あるコミュニティではAKB48が流行っているかもしれない。あるコミュニティではネットメディアのビジネス論が熱気を帯びているが、別のコミュニティでは子育て論がホットかもしれない。そして、他のコミュニティとの距離が遠ければ遠いほど、相手のことを観測するのは難しくなっていく。

メディアで伝えられる「流行」は、そうした一部のコミュニティから広がったものだ。ネットメディアが確立する以前は、そうした情報はテレビや新聞、雑誌などを介して伝播した。人々は現実のコミュニティに属しているものの、そのサイズは決して大きくないし、一様でもない。だから、メディアで伝播する流行を、ある程度すんなりと受け入れられた。

しかし現在、我々の目の前には、ネットでつながった多様なコミュニティが存在する。そして、そのコミュニティは、物理的な距離や時間の制約が薄くなった以上、時に大型化する。目の前の「ネットコミュニティ」からもさまざまな情報が得られるため、それとメディアからの情報が違っていた場合、人々は目の前のコミュニティの情報を信じがちになる。スマートフォンや、今後登場するスマートグラスなどは、狭い画面で情報を効率的に見せるための機器である。その「狭さ」を活用するために、人々は半ば無意識に、選択的に情報を採り入れるようになる。結果狭くなるのは画面だけでなく、情報の選択肢でもあるのだ。

ネットでは「マスコミが報じない」というキーワードで、ニュースやブログの書き込みなどが流通することが多い。「こんな重要な内容を、マスメディアは報じていない！」という文脈での言及なのだが、実はちょっと罠がある。その多くは実際には、マスコミもきちんと報道している内容であることが多いのだ。

実際にメディアで報じられていても、新聞紙面の目立たないところであったり、テレビで数分間だけであったりすると、そのメディアに触れていない人には存在がわからない。特に、ネットにまだ掲載されていない情報の場合、検索してもひっかかって来ないことになるので、より「報じていない」ように見える。仮にそうでなくても、ソーシャルメディアという「自分が信頼した人々の情報をまとめた窓」で言及されたことの場合、人々はその言及を、マスなメディアより信じやすい。そこで視界を広げ、自ら真偽を確かめる人は少数派だ。

▼狭いためにソーシャルメディアからの誘導で売れる

ネット経由での「販売」では、マスにビジネスが偏りやすい、という事実を紹介したが、実際にはひとつ、マスにこだわらない売れ方も存在している。それが「ソーシャルメディアからの誘導」だ。

ネットストアで突如、メジャーではない製品が売れ行きを伸ばすことがある。また、さほどメジャーにはならないが、ほとんど宣伝が行われていない製品が、順調に売れることがある。

実はこの現象、筆者が実際に体験している。筆者はそんなにメジャーな書き手というわけではない。少なくとも、ヒット小説家・漫画家のようなベストセラーを生んでいる人物ではない。だから、書籍の売れ行きも（残念ながら）「そこそこ」のレベルである。

しかし、電子書籍版の売り上げは、紙版の部数に比べるといい。理由は、電子書籍ストアの「本を売っているページ」のリンクを、ソーシャルメディアで紹介するからだ。

電子書籍が出たとしても、メディアで広く宣伝されない限り、その存在は知られない。読者側で検索してくれることも少ない。そもそも書名などが知られていないなら、検索しようもないのだが。

だが人々は、興味を持てる内容の情報や製品を「買いたくない」わけではない。目の前に「ここに商品がある」ことを示されれば、人が飛びつく可能性は高くなる。要は、見込み顧客を「売り場の前まで直送する」ようなものである。ソーシャルメディア上でそういった紹介を適切に行うと、電子書籍はきっちり売れてくれる。ソーシャルメディアという「目の前に開いた、信頼している場所」に情報が出ることは、売る側にとっても、情報を受け取る人々にとっても大きな価値を持っている。

ネットで多様な情報に接することが可能になったが、こうして我々は、自らその情報の窓を狭め、選択的に採り入れるようになってきている。「ロングテールの破綻」も「ダウンロードコンテンツ販売の不均衡」も、根にあるのは同じ問題だ。

単にネットになにかを置いても見つからない。だが、あるコミュニティに拾われると、情報はその中で簡単に伝播し、従来のマスメディアではコスト的にもスピード的にも不可能なほどの勢いで燃え上がる。その根っこにあったのは、「情報を選択的に見る」というソーシャルメディアの特性である。

情報を見せるならば、目の前に示さないと飛びついてはもらいにくくなっているのは間違いなく、そこで、ソーシャルメディアの価値は高い。逆に、ソーシャルメディアが視界を狭めるがゆえに、意図しないトラブルも増える。「炎上」という問題点は、そうしたライフスタイルの変化と、それに合わせたビジネスチャンスの変化が「トラブル」の切り口で見えているものにすぎない。

▼「山本太郎」という想定外

第三章で述べたように、ヤフージャパンは、検索キーワードやSNSの書き込みなどの統計から選挙の当落を予測している。当然ながら、大量に検索された人ほど注目が高いために当選しやすく、そうでない人ほど当選しづらい。ヤフージャパン執行役員・安宅は「検索キーワードと当選しやすさとの相関は、かなり高かった。そういう意味では、十分当てたと思っている」と語る。

一見シンプルな考え方だ。しかし結果を見てみると、「想定外」である部分もあったようだ。予測を外したごく少数の例は、そういった部分に起因している。

特に2013年7月の参議院選挙については、明確な「特例」があった。東京都選挙区から立候補した山本太郎だ。

「山本太郎さんについては、読み切れませんでした。彼の検索量は、投票日直前の7月16日以降、異常な伸びを示していて、自民党全体の検索量を超えています。個人が政党以上の注目を集めるような、特異な動きをする人を予測に正しく取り込む方法が、いまの瞬間、我々にはありません」（ヤフー・安宅）

ご存じの通り、山本太郎は元タレントであり、脱原発関係で積極的な活動をしている。文持する人々も多いが、その発言内容については批判する人も同様に多い。安宅は「検索量の上昇が指数的に上昇しており、『バズ』特有の動きをしている」と指摘する。「バズ」とは、ネット上で口コミによって爆発的に流行りつつある様を指す言葉だが、山本太郎についての言及量の増加は、まさに「バズっている」状況そのものといえた。山本太郎は2012年末にも衆議院選挙に立候補しているが、その時とも状況は違っていたという。

実際、検索量変化のグラフを見ると、その伸びの特異さが見えてくる。安宅の指摘通り、検索量は政権政党であって所属政治家も多い自民党よりも多く、安倍晋三総理を含めた、著名な政治家を上回る。著名でない政治家との差は、測るまでもない。

ネットで検索されるキーワードは多様ではあるが、その量で比較すると、圧倒的に量が多いごく一部のものと、非常に少ない多数のキーワードに分かれる。本章冒頭で紹介した「極端に尻尾が長いロングテール」状態だ。その点は政治系のキーワードでも変わらない。「バズ」的な動きをしやすいのも、題材の特性を考えると頷ける。

そもそも、ヤフーが選挙予測に使っている手法は、単純に「キーワードの量」で当落を比較しているわけではない。選挙区や政党などにより、検索キーワード量と当落の関係性は異なっており、それぞれにある「係数」をかけ、判断する形になっている。だが、こういった「バズ」な動きは読み切れない、と安宅はいう。

「山本さんの場合、2012年末にも同じような傾向はありました。他の候補が当選するために必要な検索量に比べ、何倍もの量がないと、当選ラインに到達しない。2012年の場合にも、検索量では安倍晋三さんを抜いて、総バズ量では1位。でも、ずっとバズ量の少ない石原伸晃さんに、選挙では負けている。石原伸晃さんのバズ量は、山本太郎さんの15分の1くらい。要は、10倍以上のバズがあっても、当選には届かない。別の言い方をすれば、石原伸晃さんは、得票への結びつきやすさが、山本さんの20倍以上あった、ということです」

政治家の中には、バズりやすい人とそうでない人がいる。キャラクターが派手だったり、役職を歴任している「大物政治家」、つまりはテレビなど他のメディアでも紹介されやすい人物の場合、当然ネットでも話題になりやすい。また、そもそも組織力が強い政治団体の場合、検索量も多くなりやすいし、検索量が少なくとも得票に結びつきやすい。

だが、そのくらいならヤフー側も想定している。山本太郎の場合、そうした動きと違ったことが、安宅を困惑させた。

「どの政党にもバズりやすい方はいると思うのですが、そうした人々でも多少のずれはあっても、山本さんのような異常値にはならない。どんなにバズりやすい方でも、伝統的な政治家の範疇に入る方なら、異常な値にはならない」

こうした傾向は、行動が容易な「ネット」というメディアの特性を示しているのだと考えられる。一般的に、選挙活動には労力がかかる。資金か熱意かがなければ、明確に動くのは難しい。だがネットの場合には、パソコンやスマートフォンの前で検索キーワードを入力したり、ソーシャルメディアで「つぶやく」だけでいい。賛意であろうが批判であろうが、意思を示すのに労力はいらない。バズ的な反応が増えるのはそのためだ。そうした行動の中で言及されるのは、必ずしも伝統的な政治家ではない。

他方、安宅はこうもいう。

「正直、選挙の結果が直前にひっくり返るというのは、なかなか起きることではないのだな、と思いました。でも、その『なかなかあり得ないこともあり得る』のは、山本太郎さんが証明した、ともいえます。ただし、そういう『確変モード』は1～2%の確率でしか起きない、ということなんだろう、とは思っています。計算はしていませんが、山本さんの場合、2012年末の選挙と今回の選挙とでは、（得票対バズの）コンバージョンレート（ネットでの話題が当選に結びつく割合）が、若干よくなったんじゃないかと思っています。また、異常値になる方の場合、人口が多くて浮動層も多く、小選挙区じゃない場所でしかなかなか当選できないと思います。小選挙区は1人のゲームなので、とても厳しい」

2013年の参議院選挙では、全選挙区で433人の立候補者がいた。だが、検索キーワードが特異な動きを示したのは、山本太郎一人だけだった。その山本太郎にしても、東京都選挙区という、選挙地盤や支持政党にこだわらない層が多い地域だったからこそ当選できた、ともいえる。それも当落はギリギリだった。2012年には「落選側」に傾いていた天秤が、なにかの変化によって「当選側」に振れた。それが、当選という結果に結びついたのだろう。その理由はまだ、安宅にもわからない。ヤフーはその点について、これからも分析を続けていく。

「問題は、異常値における当落の判断をどうすればいいかわからない、ということです。たまたま今回、山本さんが2012年と2013年、両方の選挙に出てくれていたために、まだある程度わかってきました。しかしそれでも、どれだけ係数をかければいいかはわからなかった。そうでなければ、予測は何倍も難しいです」

▼ネット選挙で予測は「汚れた」

この参議院選挙は、「ネット選挙」が解禁されたことでも注目が集まった。従来、ネットでメールやソーシャルメディアを使った選挙活動を行うことは認められていなかったが、現在は一定のルールの元に、候補者のアピールのため、ネットを活用できるようになった。多くの候補者・政党がネットでの選挙活動を行ったが、それは当落にどう影響したのだろうか？　安宅は「もうちょっと解析したい」と留保しつつも、「多分得票には結びついていない」と切り捨てる。

「ネット選挙解禁は、検索キーワードについては、さして影響していないです。ツイートについては『汚れた』と思っています」

安宅氏が「汚れた」と表現するのは、そこに現れるキーワードやツイートの増加が、実際の得票活動に結びついておらず、単に場を乱す結果になっているからだ。ネット選挙の解禁によって、選挙活動としてのネット利用は増えた。だが、それが得票に結びつかないのだとすれば、得票分析をする安宅の側からすれば「汚れた」という表現になる。

「現状のネット選挙は『新しい拡声器』として使われたにすぎない。ホワイトノイズのように広がって、なにが後ろにあるのかが読めなくなるわけです。もうちょっと解析しないとわからないですが、多分得票には結びついていないです」

本章でテーマとしてきたように、ネットを介した人々の行動は、より狭い範囲に集中する傾向にある。ネット内ではいかにも「コストをかけずに話題に火をつけることが簡単」であるように見えるが、決してそういうわけではない。そのためにはデータ分析に基づいた、適切な戦術が必要になる。だが、現在の日本のネット選挙にはそれがない。安宅は分析の専門家として、次のように指摘する。

「本来、ネット的な活動で得票に結びつきやすいセグメントを特定して、その人たちにワン・トゥ・ワン、もしくはデータベースマーケティングをするべきです。しかし、それをせずしてコンバージョンを上げるだけの活動をすることは、得票に結びつかず、単にノイズを増やしているだけです。それはネット上のマーケティングの原則に則っていない。のどが渇いていない馬を水場につれていったようなもので、得票は増えないんです。セグメントを特定し、どういう行動が得票に結びつくのかという、純粋なプロダクトマーケティング活動を経て、その人たちに刺さるメッセージを適切に、過度に分散しないように届けることが必要です」

ネットに公開したから見てもらえる、求める効果が生まれる、と思う人が多すぎるのだ。本章で紹介した「電子書籍が売れないと嘆く大物漫画家」と同じ罠に陥っている。ネットの上では、存在していても「人の目に触れる場所」になければ、意味がない。人の目に触れるためには、テレビのようなマスメディアで扱われるのがもっとも効果的な方法であるが、それは簡単なことではない。

だからこそ、ネットを活用して効率を上げたいならば、データの分析と適切な戦略・戦術が必要だ。本書で解説してきた機器やデータ分析のトレンドは、すべてそのための方策でもある。

安宅が、ネット選挙の適切な例として挙げるのは、バラク・オバマの大統領選挙の戦い方だ。アメリカは、もっとも洗練された選挙戦術が定着した国だ。ネット活用もその一環にすぎない。有権者を各層で分析、その層に合わせて適切なアピールをするのが当然となっている。科学コミュニティには教育・科学戦略について語り、マイノリティコミュニティにはマイノリティ問題についての対策を語る。投下する労力に合わない層には、それなりの対策で抑える。そうした戦略を選ぶためには、データ分析に基づく戦術選択が必須である。

▼「フェンス」をかけて売り場へ直送する

ネット選挙の例が示しているのは、巨大なデータがあろうと、顧客へローコストにリーチしやすいフィールドであるネットが存在していようと、それらを適切に使わないと意味がない、という、あまりに基本的な話ではある。

アメリカのネット選挙から学ぶべきは、「ネットを使う」ことではなく、「名前を連呼するのが選挙活動である」「商品を見せることがマーケティングである」という古典的な状態を脱することにある。

情報が増え、消費者の判断も多様化した結果、商品やサービスの情報が実際には顧客に届きにくくなっている。どこに顧客がいるかを分析し、顧客のいる場所に情報を届けるのがマーケティングの一つの本質だったわけだが、それは単純には成立しづらくなってきた。だからこそ、位置情報や行動データの解析による確度の上昇が注目されるのだろう。

位置情報を使ったジオフェンシングは、人々の行動とそれに伴う「実際の場所」に着目したものである。行動を解析した結果に伴い、空間に見えないフェンスを作ることで、商品情報の提供とマーケティングデータ収集の両方を試みている。

だが、そうした試みを「実際の場所」にこだわって行う必要はない。ネット全体を「空間」に見立てて、人々の嗜好や行動をベースに緩やかかつバーチャルなフェンスを作れば、それは、ジオフェンシングと同様の価値を持つことになる。というよりもむしろ、そもそもそうした活動を「地域」に当てはめたのがジオフェンシングであった、といったほうが適切かもしれない。

ネットでは人々の視界が狭くなる以上、その人が属するコミュニティに合わせ、情報をわかりやすく提示する必要が出てくる。まるで「目の前ににんじんをぶら下げる」ように、だ。

特にネットコンテンツの場合、人々はそれを「欲していない」のではない。それがあるのかどうか、どこで買えるかを知らないだけだ。行列を誘導するがごとく、購入意欲がある人々を「売り場に直送する」手段を持つことが、非常に大きな価値を持ってくる。行動データは、そうした視界を広げるための一助であり、データの活用によって思い込みを減らし、フェンスを構える場所を検討し、見込み顧客を誘導していくことが求められている。

もちろん人々にはそこで、つねに「にんじん」に食いつかねばならない義理はない。だからこそ、にんじんを求めている人の前ににんじんを持っていき、それがいかにいいものかをきちんと知らしめる必要がある。

そして人々は逆に、ネットにおける自らの視界の狭さと、そこで出てくる情報が「視界に合わせたもの」であることを、認識しておく必要がある。

現在は、良い情報も悪い情報も等しく、素早く伝わる。宣伝する側が隠そうとしても成功するものではないし、隠すとそれが露見した場合、むしろ事態を悪くする。ネット上でいわゆる「サクラ」を雇って、宣伝と思わせずに宣伝する「ステルスマーケティング」という行為が注目されたことがあるが、結果的に成功例はそう多くない。むしろ失敗による炎上例ばかりが目に付く。そうした、正当でない宣伝行為に手を染める人々もやはり「視界が狭く」なっていて、失敗した時のリスクに目が届いていないのだ。たしかに一人一人の視界は狭いが、その視界が重なると、恐ろしく「広い」ものになる。そして、そうした重なりの共有が簡単になっていくことこそ、SNS普及以降のネットの持つ本質であり、情報伝播速度が速くなっている理由でもある。

この2年ほどの間に、企業向けのマーケティングツールとして注目を集めている手法に「ソーシャルリスニング」というものがある。ツイッターやブログ、掲示板などの書き込みを自動的に収集し、言語分析によって顧客の反応や潜在的需要などを分析し、動向をレポートとして提供するツールのことだ。従来ならばグループインタビューなどを使って行っていたことを、SNSに広がる「個人の発言」という行動から分析し、マーケティングや商品企画、サポートなどに生かそう、という動きと考えていい。

たとえば、2013年の参議院選挙において、自民党はソーシャルリスニングを全面的に採用し、候補者がタブレットから「有権者の発言の傾向」を読み取れるようにして、毎日の選挙活動の助けとする試みがなされていた。それが功を奏したか否かは議論が分かれるところだが、個々の候補者からは見えづらい部分を、勘でなく情報に頼って動く流れが存在することは、注目に値する。

企業内では、やはり自社やその製品の評判を知るためのツールとして使う場合が多い。もちろんそこでは「誰が批判したか」を、一人一人追いかけることも可能だ。しかし実際にはむしろ、自社製品と競合製品についての言及を「どんな言葉が同時につぶやかれているか」を加えた上で比較し、競合との差や今の顧客の要求を知る、という形での利用が一般的だ。これは、なかなか形が見えず、素早く流れていく顧客の動向に「フェンス」をかけるためのヒントを得る動き、と考えればわかりやすい。これは「個人」でなく「属性」を追いかける流れだ。

逆にソーシャルリスニングを生かし、個人を追いかける流れもある。苦情をつぶやいている個人を探し出し、企業のSNSアカウントからあえて直接語りかけ、サポートを行う「アクティブサポート」という活動をするパターンも増えてきた。一人をサポートすることは本来小さなことだ。だがその過程がネットの上で「まるごと可視化」されることで、サポートした人だけでなく、その人の周囲にいる顧客までまとめて「フェンス」をかける行為、といえる。

人々にわかりやすく伝えるには「ストーリー」が必要だ。そのストーリーが真に迫っていて、初めて情報は伝わる。単純な作り事は、ネットの多様な視点の前であまりにも無力だ。いいところを見せるのは当然だが、ネットで狭くなった人々の視線を誘導し、伝えたいストーリーが確実に伝わるように積み重ねることがもっとも重要になっている。「はじめに」で採り上げたソニーの作戦や、俗に「エクスペリエンスベース」「体験ベース」などと呼ばれる手法は、そうしたもののことを指す。

体験ベースで製品やマーケティングを組み立てるには「仮説」が必要であり、その仮説を作るためには情報が必要になる。行動データは仮説を作って広げていくために使うのがベストであり、そういう意味では「誘導のためのフェンス」を作る材料なのだ。

第五章◉「知られること」恐怖症

▼コンビニとネットはどこが違うのか

ここまで挙げてきたように、ネットで活動すると大量のデータが残される。そして企業は、そうしたデータを活用し、より確度の高いマーケティングを行ったり、新製品開発を行ったりしている。

だが、こうした例を挙げると、多くの人がまずこう反応する。

「自分の行動が読まれているなんて怖い」「行動が記録されているなんて理解していない」

たしかに、自らの行動が把握されている様は、まるでディストピア小説のようで、あまりぞっとしない。

しかし、実際にはどのように把握されているのかを理解しないと、実情はわからない。

少し冷静に考えてほしい。「我々の行動を把握する」というだけであれば、すでにコンビニエンスストアやスーパー、宅配業者などは、相当の割合で「あなたの情報」を記録している。コンビニでなにかを買えば、何歳くらいでどの性別の人が、どういった商品を一緒に買っているか、という情報がつぶさに記録されていく。そこには、日時や天気、コンビニエンストアの場所といった情報も、もちろん含まれる。

だとすれば、そうした情報からは「あなたが日常的にどういう生活をしているのか」が相当なレベルで読み取れることになる。

でも、我々はそれを直接的には気にしていない。

なぜ気にしないのだろう？　ネットでの情報記録とどこが違うのだろう？

そうした部分をきちんと考えていくと、データが記録されていくことの本質が見えてくる。

▼人が動けば行動は記録される

さて、ネットには実際、どのようなデータが蓄積されているのだろう？

ここまでで解説してきたように、ネット内で活動すれば、必ずなにがしかのデータが記録されて残る。スマートフォンの時代になり、移動しながらネットを利用することが増えたため、位置の情報も記録されるようになった。

他方で、「個人情報が記録されている」といっても、サービスによって当然内容が異なることも理解しておきたい。

もっとも多くの個人情報が残るのは、ショッピング系サービスなどだ。金銭の授受がかかわる以上、名前や電話番号、住所、クレジットカード番号などの「まさに個人情報」といえるものが残る。その上に、買ったものの履歴や「見た商品」の履歴も残る。買わなかったとしても、その商品のページを表示していれば、当然アクセスの痕跡は残るからだ。そうした情報から、「こういった商品が欲しいはず」といった情報が分析できる。アマゾンで提示される「おすすめ商品」のほとんどはこのパターンだ。

いうまでもなく、こうした形態では、個人情報の管理は厳密でなくてはならない。カード番号の流出などもってのほかだし、購入履歴や「見た商品」の履歴は、個人の嗜好を知る大きな情報だ。他人に見られていいものではない。

名前などの情報が残るのはショッピングサービスだけではない。ショッピングサービスなどとひもづいた、個人情報を必要とするサービスでは同じように利用される。

こうしたものの典型例が、スマートフォン上のサービスであり、ヤフーなどの検索サービスだ。

単純に使うだけなら、個人情報を登録する必要はない。しかし、アプリの購入を行ったり、オークションを使ったりする場合にはIDの登録が必須になる。そこで個人情報を登録し、ネットサービスにログインしていれば、そこからひもづく形で、同じ会社が運営するサービスの上での記録は、個人情報につながった形で利用される。

「Suica」「PASMO」などの交通系ICカードも、場合によっては個人情報とひもづく。

交通系カードの場合、本来は単純なプリペイドカードにすぎない。どこにどれだけ移動したか、という情報は、運賃決済に必要なので記録されているが、「誰がかざして通ったか」はわからない。

しかし、同じ交通系カードでも、定期券には氏名・年齢・性別の情報が含まれるし、クレジットカードとひもづいたオートチャージ機能の備わったものや、携帯電話を使った「モバイルＳｕｉｃａ」のようなサービスでも、誰がいつ使ったかがわかる。

北九州エリアでビジネスを展開する西日本鉄道では、「ｎｉｍｏｃａ」という交通系カードが使われている。実はこのカード、元々は同社のグループ企業が使っていたショッピング用ポイントカードを母体としており、その顧客が多く移行している。こうしたカードの場合、定期券や携帯電話内蔵のものでなくても、元々のポイントサービスのために氏名・住所・性別などを登録しているので、そことひもづけることで、その人の行動データを記録していくことができる。たとえば、西日本鉄道系の駅ビルでショッピングをすれば、どのフロアのどの店で、どういった年齢の人が買い物をしたかがわかる。バス路線でも使われているので、「この路線のこのバス停で降りる人はこういった属性で、どの店を利用することが多い」といった部分まで、分析が可能である。

こうしたことは、いまや決して珍しくない。ポイントサービスやショッピングなどのために個人情報を登録すると、それにひもづく形で行動履歴が蓄積されていき、最終的にはマーケティングなどに利用される。

もう一つのパターンは、個人を特定しない形での行動履歴取得だ。

こうした情報の典型例が、ウェブ閲覧の記録である。

あまり普段意識することはないが、我々がウェブを見ると、その記録はすべて残っている。ページ内のリンクをたどって別のページへ移動すると、「前に見ていたのがどういったページなのか」の情報がわかるようになっている。また、検索サイトから飛んできた場合にも、「どういったキーワードで検索して飛んできたのか」がわかるようになっている。

こうした情報を重ねていくと、我々の行動から「どういう人が、どういう目的で見ているのか」を類推することも可能である。

たとえば、海外旅行に行くために観光地の情報を検索していたとしよう。そこで「ゴルフ場」や「高級レストラン」関連を探していたなら、その人物は「それなりに年齢を重ね、収入も高い男性」と想定できる。逆に「マリンスポーツ」「エステ」などを探していたならば、「比較的若く、アクティブな女性」であるだろう、と推察できる。

そうした推察を元に、「このキーワードで検索してきた人」「この種類のページから飛んできた人」を仕分けし、それぞれに適切な広告を見せることも可能になっている。これが、第三章で解説した「パーソナライズド広告」の典型例である。

▼欲しいのは「あなた」でなく「属性」だ

これら2パターンの個人情報利用には、一つの共通項がある。それは「必ずしも個人その人を対象とした適用でないことがある」ということだ。

たとえば、アマゾンはあなたの個人情報を使い、あなたに合わせた製品を提示する。しかしこの時、実際には「あなたの名前」を使っているわけではない。利用しているのは「あなたの年齢」「あなたの性別」「あなたの購買履歴」などだ。つまり、必ずしも「あなたそのものを識別しておすすめを出しているわけではない」ということだ。

こうしたマーケティング活動では、あなた自身を特定することより、あなたが「どういう属性にあるのか」を知ることのほうが重要だ。各サービスで個人情報を取得するのも、属性を簡単に知るために他ならない。ネット検索やウェブの表示など、単純には属性を取得できないものの場合、キーワードやふるまいから属性を類推して当てはめているが、個人情報が大量にあって、そのものズバリの属性がわかっているなら、そうした類推は必要ない。

別の言い方をするなら、企業は「あなた個人の情報」を欲しいと思っているわけではない。「あなたの属性」を欲しいと思っているのだ。前出のアマゾンのおすすめ機能にしても、正確には「あなたのような属性を持つ人におすすめ」している機能である。両者は近いようで、大きな違いがある。

企業は多くの顧客を対象にビジネスを行う。そのため、顧客をある程度「属性」で固めてグループ別に扱う必要がある。広告宣伝も、そうしたグループ毎に行う。大量のデータを扱えない時代には、グループ分けはあまり細かくなかった。男性か女性か。子供か、若い人か、中年か、老齢か。そのくらいに分け、掛け合わせて分ければ十分だった。

しかし、データが大量にある現在は違う。中年男性でも、収入が高い層と低い層では異なるし、自動車に興味がある人とカメラに興味がある人でも違う。「ある特定の製品を買った人がどういったジャンルの製品・ブランドをよく買うのか」といった分析も、簡単に行えるようになる。位置データを生かす場合には、「東京都内で朝移動する人」と、「名古屋市内で正午近辺に移動する人」では、まったく行動は違うだろう。

ヤフーでデータ解析を担当する小間基裕は、「検索キーワードのアシスト機能に個人情報はいらないし、ターゲティング広告にも必要ではない」と説明する。以前はアンケートなどを使い、個人の趣味嗜好などの属性を取得するパターンが多かった。今もそうしたアンケートは健在で、属性で分類する近道ではあるが、データ解析技術を使うのであれば、そうした手法は必要ない。行動履歴から分析が可能であるからだ。実際、アマゾンは趣味嗜好のアンケートなど行わない。アンケートの場合、「最終的にどういう情報を導き出したいのか」を考え、きちんとした仮説を立てた上で設問を設定しないと意味のないものになりがちだ。だが行動履歴ベースでの解析を行う場合には、そうした仮説がない状態で解析をはじめて、因果関係を見つけられる可能性が高い点も異なる。ネットのターゲティング広告の場合でも、利用されているのはあくまで「その属性の人を見分ける識別子」であって、「どこどこに住む誰々」という個人を直接的に示す情報ではない。

大量に蓄積された行動履歴から多様な属性を抽出し、用途に応じて「属性」の組み合わせを変えて、その時・その場に合わせた広告の提示やサービスの展開を行うのが、現在の「データを背景としたマーケティング活動」の本質だ。

実は、大量の個人情報そのものを扱っているフェイスブックにも、似た特質の機能がある。それは「友だち候補」の提示だ。

フェイスブックを使っていると、自分の知り合いだがまだフェイスブック上で交流したことがない友人が検索され、「この人はあなたの友だちではありませんか?」とたずねられることがある。もちろん外れることもあるのだが、その予測精度にはなかなか驚くべきものがある。フェイスブック上には高校時代の情報、その時の友人の情報は入れていないのに、いつの間にか高校時代の友人が提示される……なんてこともあるくらいだ。

これは、自分の個人情報と交流の履歴、そして、自分の友だちがさらに誰と交流しているのか、といった情報を掛け合わせていくことで、個人が本来まだ提供していない情報を類推し、結果として提示しているからこそ可能な手法である。

▼ネットサービスを「秘書」のように信頼できるか

もちろん、メールやスケジュールデータ、自分の移動履歴といった、「自分の情報を直接的に使ってサポートしてもらう」タイプのサービスでは、個人データそのものを使う。第一章で扱った、スマートグラスやスマートウォッチでの活用例は、そうしたパターンだ。

これらはいわば、データを使った秘書サービスにあたるわけで、自らのデータを渡さずに利用するのは難しい。秘書は自分の個人的なことや行動履歴も把握している。だが、職業上そうした情報を漏らすことはないし、そうした部分を信頼した上で、ともに働く。ショッピングにしても同様で、昔ながらの「御用聞き」の世界では、自分に合った製品・必要とする製品を相手が提示してくれる。冷静に考えれば、近所の酒屋さんは、我が家の食品の消費サイクルを把握しているわけだから、「大量の個人情報を持っている」ことに違いはない。ホテルのコンシェルジュに要望を聞いてもらう際にも、「自分が求めること」を細かに伝えて対応してもらう。これも、個人情報・行動情報を伝えるという意味では変わらない。

要は、相手が人間でなくてネットサービスであるだけ、と考えることもできるわけだ。

ただし、そうした発想が説得力を持つには、「相手が信頼できる」と自分が確信できる必要がある。

仕事上、秘書との間では信頼関係が結ばれている。贔屓のお店との間では、やはり強い信頼関係があるものだ。だが、ネットサービスを我々はどこまで信じられるのだろうか。信じていない場合、こうしたサービスは「気持ち悪い」と感じられるものになる。

もっとも深刻なのは、サービスに信頼して預けたデータが流出したり、他社に販売されたりすることだろう。流出は明確な不手際であり、そもそもあってはならない。銀行やクレジットカード会社がある程度信頼されているのは、金融取引や決済がきちんと行われた上で、その情報が長く守られている、という共通認識があるからだ。

ネットサービスにはそうした強い信頼感はないかもしれない。しかし当然、意識の高い企業は「銀行並みの信頼を得なければならない」と考えている。クラウド系サービスを外資系のＩＴ企業とともに運営している銀行の幹部は、筆者に次のようなエピソードを語った。

「弊社上層部にセキュリティのことを説明する時、パートナー企業のトップは『銀行側と同じ基準で精査していただいて構わない。問題が出れば我々にとって致命傷であり、そうならないことが最優先』と説明し、事実そうした。クラウドだから問題がある、とは考えない」

　これはプライバシー問題でも同様である。グーグルやヤフーレベルの企業の場合、個人情報の流出に対する対策は、信頼の根幹をなしている。利用者がＩＤとパスワードを流出させ、その人の情報が盗まれる……という問題はあるにしても、システムの不備によってデータが出ていくことについては、神経質なほどの対策を整えている。万が一なにかが起こったら、彼らだけでなく、彼らのエコシステムの中でビジネスをするパートナーもダメになってしまうからだ。

　そのために、重要なデータを保護するのは当然必要なことである。だがそれだけでなく、データをひとまとめにしない、不要なデータは取得しない・蓄積しないという方針も必要になる。必要なデータは取得した上で守る必要があるが、「いつか使うかもしれないから」ととっておくことは、むしろリスクにもなる。ヤフー・小間が「ターゲティング広告に個人情報はいらない」としたのも、こうした観点に基づく。

　逆に、こうした点に思いが至らない企業も多い。安全なウェブサービスやデータベース構築にコストをかけず、野放図に大量のデータを取得し、きちんと活用せずに放置する。ハードやサービス構築のコストが下がったため、現在ではどんな企業でも、個人情報を集めてサービス展開をすることが可能になった。だが、そこで守らねばならない基本原則が多いことや、基本原則を守るために驚くほどのコストが必要になることについて、きちんと把握している企業は数えるほどしかない。

ただし同時に、小間はこうも主張する。

「個人情報を触っていなくても、本当にプライバシーに問題がないといっていいのかは、よく考えないといけない」

現在では、古典的な個人情報があったらそれを使った分析ができるし、仮にそれがなくても「あなたの属性」を分析し、ビジネスに生かすことはできる。個人情報から属性だけをはぎ取る「匿名化」が不完全な場合、別々の属性情報を掛け合わせて特定範囲を狭めていくことで、個人を特定することも不可能ではない。だからこそ、以前よりも「個人情報とはなにか」ということを判断する領域は広がっている……ともいえる。その上で、企業としては「欲しい情報」「蓄積しておく必要がない情報」を精査した上で、サービスに適切に利用する必要がある、ということなのだ。

▼「許諾」は誰にも理解できない!?

サービスを我々が利用する上で必要とされるのが、「そのサービスがどのような個人情報を蓄積し、活用するのか」を認識した上で、許す・許さないという判断を下す、という点である。現在、パソコン用のサービスにしてもスマートフォン用のアプリにしても、使い始める時には「こういった情報を活用するので、許諾を」という表示が出る。また、店頭などでポイントカードを発行する場合にも、申込書とともに許諾の書類が提示される。

しかし、ここには2つの問題点が存在する。

1つ目は、その「許諾」の内容を、多くの人が理解していない、ということだ。

許諾文書はたいてい、法的な条件や技術的な説明のために、日常的な言葉になっていない。企業側としても活用の幅を広げるため、具体的でない言葉を使うことが多い。

そもそもわかりづらいため、利用者側はたいてい、真剣に読まずに先に進む。正直筆者でも、すべてをきちんと把握できているわけではない。たしかに、それでも大きな問題が起きることは少ないわけだが、決して健全な状態ではない。

2つ目は、許諾内容が「変わる」可能性だ。

多くの許諾書類には、次のような文言が含まれている。「本規約をいつでも変更することができるものとし、変更後の本規約は、ウェブサイト等への掲出時をもってその効力を発するものとします」

冷静に考えると、これはけっこう怖いことだ。変更内容の掲出に気がつかなければ、自分が許諾したくないような内容に変わっていたとしても、「許諾している」とみなされてしまう、ということであるからだ。スマートフォンアプリなどの場合、実際には、利用したり取得したりする情報が変更された場合、改めてユーザーに許諾を求める場合がある。しかし、我々はたいてい、無条件に「許諾」ボタンを押してしまっているはずだ。

こうした行為が暴走すると、利用者の権利は簡単に踏みにじられる。

たとえば、自分がある病気を抱えていて、それがコンプレックスであったとする。治療などのため、自分が信頼する医師や薬剤師とかかわることは避けられない。でも、そこでの個人情報が他の店とひもづいたらどうだろう？　知らない店からダイレクトメールやクーポンなどが届くようになると、いい気持ちはしないはずだ。

大切なのは、そうした行為をどこまで許すのか、どこまで不快と感じるかは、人によってマチマチだ、という点だ。ある人は「顔見知り以外には一切知られたくない。ダイレクトメールなんてもってのほか」と思うかもしれないし、ある人は逆に「顔を知られている近所の店では買いたくないからネットで買う。ダイレクトメールくらいならしょうがない」と思うかもしれない。

そういった状況下で「自分の気持ち」によって判断できることがもっとも重要だ。いつのまにか認識とのずれが生まれることは、避けねばならない。

▼「良かれと思って」暴走する企業

ここでもう一つ重要な点がある。

たしかに企業は、個人情報を生かしてビジネスをしたいと思っている。結果、そこで個人のプライバシーを侵害する可能性も高くなる。だが、それは彼らとしても、たいていの場合「個人をないがしろにしている」つもりではない、ということだ。顧客を無視してビジネスは成り立たない。彼らの狙いの基本は、顧客とより良い関係を築くために、行動情報や個人情報を活用する、という手法である。

しかし、人によってなにを快適と思うかは違う。だからこそ、企業側が「良かれと思って」やったからといって、プラスに働くとは限らないし、それをすべての人が快適と思うわけではない。むしろ、企業側の思惑とはずれていることがほとんどだ。

ビデオレンタルチェーン「TSUTAYA」を運営するカルチュア・コンビニエンス・クラブ（CCC）は、日本でもっとも多くの個人情報を扱っている企業の一つだ。傘下にポイントサービス「Tポイント」を運営するTポイント・ジャパン社を抱え、その情報を、広くマーケティングに生かしている。現在ヤフージャパンとも提携し、両社のポイントサービスはTポイントに統合されている。

Tポイントは TSUTAYAだけでなく、コンビニチェーンやファストフード、居酒屋など、さまざまな業種で利用されている。加盟店内では情報がある程度共有され、データベースがマーケティングに活用される。同グループは実質的に、そうしたマーケティングそのものが武器だ。

CCCの増田宗昭社長は、プライバシーの点について筆者に問われた際、次のように答えている。

「プライバシーについては法令を遵守していますし、プライバシーマークの認証も受けています。社内でも共有範囲については最大限の配慮を行っています。ですから、問題はありません」

そう、たしかに、同社からデータが漏れたことはないし、法令を破っている事実もない。だが、ほとんどの人は、Tポイントの情報は現在「どのように使われているか」「どこまで共有されているのか」を把握していない。Tポイントの規約は頻繁に改定されるが、その把握は非常に困難だ。しかも、実際のデータ利用の範囲については、Tポイント側から明確に情報が示されていない部分も多い。

彼らが悪とはいわない。おそらく違う。だが、個人の思惑と企業の思惑が違う以上、つねにその利害が一致するわけではない。とすると、Tポイントを人はつねに「信頼」できるだろうか？

第三章にて、ソフトバンクが携帯電話回線の品質改善に、スマートフォンアプリから取得した通信ログを活用している、という例を紹介した。

だがこの手法については、孫が会見で発表するまで、関係者以外誰も知らなかった。現在は、「通信状況を把握する」ことを目的とした、そのものズバリのアプリも公開されているものの、2013年3月の会見まで、公開されていたアプリは「ラーメンチェッカー」などと「災害速報」だった。利用者はあくまでそうした情報を確認したくて使っていたのだし、位置情報もそのために利用している、と思っていたはずだ。だが実際には、そうしたデータ提供の代わりに通信状況のログを取得していたのである。

現在は使用許諾の中に、個人情報を通信品質改善に使う、という用途についての言及が存在するが、サービス開始当初は「サービス改善のために情報を利用することがある」というぼんやりとした言及があったのみ。そこから正確に意図を認識していた人はほとんどいなかった。

そうした手法に問題はないのだろうか？

孫は、筆者の質問にこう返答している。

「ですが、ご安心ください。こうしたことはすべて皆様のためです。どちらにしろ、いいことのために使っているんですから」

本当ならば、最初からそのことを記載して利用すればいいだけの話だ。ほとんどの人はいやがらないだろう。用途について正確かつ明快な言及を避けていたのは、他の事業者を出し抜くためだった、といわれても仕方ない。

そうした事情を「あなたのためになるのだから」という発想で糊塗するのは、本質的に大きな間違いであり、きわめて危険な傾向をはらんでいる。

▼暴走によって生まれる監視国家

政府や企業が問題を起こす時、その大半は「もうけ主義」や「悪意」から生まれるわけではない。彼らなりの善意から生まれる例がほとんどだ。

2013年6月、エドワード・スノーデンは、アメリカ国家安全保障局（NSA）がさまざまなIT企業と結び、メールの内容やクラウドサービスの利用履歴などを盗聴している……と告発した。NSAが使っていたのは「PRISM」と呼ばれる大規模な検閲システムだ。マイクロソフト、グーグル、ヤフー、フェイスブックといった多数の企業を対象に検閲や監視を行っており、米国政府もこの計画の存在は認めている。

アメリカ企業が世界中のクラウドとスマートフォンが絡むサービスをリードしているのは

厳然たる事実だ。ここを押さえられると、我々の行動も筒抜けになってしまう。

だが、ここで一点指摘しておかねばならないことがある。

なにもNSAは、日本に住む一般市民である我々を監視したいわけではない。アメリカ国民全員を監視したいわけでもない。彼らが警戒しているのは、テロリストや犯罪者といった、アメリカという国家に対する敵の動きである。NSAとしても、「アメリカ国民を守るため、良かれと思って」やっているのだ。

だが、それで安心できるわけではない。

もし、あなたが「テロリストと誤解」されたらどうなるだろうか。本当は危険な人物でなく、単に口が悪いだけなのかもしれない人が、テロリストとして行動を監視される可能性だってある。人間もシステムも、判断を間違う時はあるのだから。また、内部の不心得な人々が、個人的な目的でNSAのシステムを使ったらどうなるだろうか。

そもそも、PRISMのようなシステムが「アメリカにしかない」という証拠はどこにもない。日本でも、警察・公安関係者はある程度個人の動きを把握している、と考えたほうがいい。現在でも、携帯電話やインターネットの通信履歴から、位置や行動は十分に把握できる。政府が「あなた」を捕捉しないのは、あなたが政府にとって危険な人物でないから、にほかならない。

筆者はこうしたことを単純に「けしからん動きだ」とは思っていない。政府機関であれば当然の動きだろう。そこに巨大な陰謀が……などと考えるのは、少々単純すぎる。だが「国があなたのためを思って」やってくれることが、つねに個人の利益にかなうと考えることはできない。

善意で行われていることが、誰にとってもいい結果を生み出すと考えるのは間違いで、むしろ「善意の積み重ね」の暴走が、最終的に悲劇を生み出す。これまでに起きた戦争や騒乱の多くは、そうした経緯で起きている。ほとんどの独裁者はまず民衆に支持を得て生まれてくるし、その際には民衆のためになる政治をしている。企業にしろ、個人にしろ、「あなたのため」ならなにをしてもいい、というわけではあるまい。そして一度出来上がった仕組みは、その仕組みを維持したり、次の結果を求めるために暴走しがちで、その時には「あなたのため」であったものが「国や企業のため」ではなくなることもしばしばだ。

巨大なデータと移動情報が生み出す可能性を残念な結果につなげないためには、誰かの善意に頼るのでも、無関心でいるのでもなく、「なにを行っているのか」を正確に把握し、その結果として、自らが求める範囲を自ら選択するしかない。その結果を判断するのが難しいのであれば、やはり保守的に「ノー」と答えることしかできない。

▼ネットの「特定班」が割り出す「個人」

プライバシーの侵害というと、我々はすぐに「企業」「政府」という大きな塊を思いうかべがちだ。しかし実際には、もっともっと我々の足下に、驚くほどシンプルな形で広がっている。

誰かと食事に行って、スマートフォンのカメラで写真を撮る。行った人や自分の顔が写るとマズイだろうから、食事だけを撮影する。帰りにコンビニに寄ってビールを買ったことも、ついでにつぶやく。

SNSを使っている人なら、このくらいのことは日常的にやっているだろう。自分の名前も出さず、顔も出していないなら、別に自分に危害が及ぶことはない……、そう考えがちだ。だが、人が本気になれば、こうした情報から「あなた」と「あなたの家」を特定し、強盗に入ることも不可能ではない。

料理の写真からは、料理の種類と位置情報がわかる。そこからは、店の名前と店の格式もすぐわかる。さらには、SNSへと投稿した時間から、あなたが「店にいた時間帯」もわかってくる。そうすると、店の中に誰がいたかは、おおむね特定できてくる。あなたの名前はわからなくても、人相風体を聞き込むことは不可能ではない。

利用するコンビニは、たいてい自宅の近くだ。ビールを買うなら成人だろうとわかるし、やはりSNSの書き込みから、何時くらいのことかもわかる。さきほど聞き込んだ人相風体から、さらに「そのコンビニの近く」で探せば、あなたの家の場所も特定できてくる。

そもそも、SNSで自宅からスマートフォンを使って写真を投稿すれば、そこから位置情報を取り出し、自宅は簡単に見つけられてしまう。

別にシャーロック・ホームズでなくても、SNSの情報からは、このくらいのことが簡単に読み取れる。なぜなら、SNSとは、我々の生活を切り出して他人に見せる行為に他ならないからだ。ネット上で「自分の存在を隠す」ことはきわめて難しい。

第四章で、いたずらなどをネットで公開する若者の話をした。ああした若者の行動が問題になるのは、それがソーシャルメディアの上で可視化されるからである。仲間うちでやっているだけなら、世の中には見えづらい。しかし、それがネットに公開されたら話は別だ。

ネットに行為が公開され、そこに注目が集まると、今度はさらに、そこから「その場所がどこか」「それが誰なのか」を特定する行為が始まる。写真に位置情報が含まれていなかったとしても、前後の書き込みや写真に写っている場所などから、そこに写っている人物を特定する人々がいるのだ。そうした行為を楽しむ人々のことを、ネットでは「特定班」などと呼ぶ。一人では思いつかないようなことでも、ネット上で多くの人が、よってたかって知恵を出し合うと、個人の名前や経歴までたどり着くことは、もはや難しいことではない。

個人の属性や名前が特定されてしまうからこそ、ああいった「いたずら行為」の影響はどんどん大きくなる。本人だけでなく、それを放置した人々や組織にも、非難の声が寄せられることになる。

筆者は、いたずらなどに代表される迷惑行為は、やはり良くないと思う。だが、それをことさらにあげつらい、そうした行為を指弾することに意味があるとも思っていない。所詮若者の馬鹿な遊びだ。馬鹿なことをしない若者はいないし、私が若い時もずいぶん愚かだった。

その昔は、そうしたいたずらの影響は「自分が大人に怒られる」だけで終わった。だが、いまやそうした行為をした個人は、ネットで特定され、不特定多数から非難されるような状況にまでなっている。

そうして特定された個人情報は、ネットのどこかに残り続け、なかなか消えない。検索サイトで探せば、その人の若かりし頃のいたずらとその結果が、いつまでも目の前に出てくる。就職などのために個人の来歴を探す際、検索サイトを使う企業は多い。とすれば、ちょっとした「いたずら」は、いつまで経ってもその人の生活に影響を及ぼす、消えない傷になりかねない。同様に犯罪を犯した個人の情報も、検索サイトからはなかなか消えない。たとえその人物が更生しようとも、そんな事実はなくデマや噂が元であったとしても、だ。自らの与り知らぬところで、ネット上の情報は、その人をいつまでも傷つけ続ける。

それは本当に正しい姿なのだろうか？

なんの気なしに出した情報から個人が特定されることは、「企業内でプライバシー情報が使われる」ことより、軽いものなのだろうか。

もちろん、自分のパーソナリティを知られずにソーシャルメディアを使う方法もある。写真を撮影する時には地図情報を記録しないよう設定を変える。店の名前や時間は伏せる。買い物をした場所や時間を特定させることはしない。自分の名前を出したくないなら、もちろん出さない。

だが、そうしたことを利用者が気にしながら生活するのは、本当に幸せな形だと思えない。ソーシャルネットワークの良いところは、人がその場で感じた感情を、他の人々と気軽に共有できることにある。個人情報を出さないようにすることでそうした空気が失われるのだとすれば、それはある意味で本末転倒だ。

そうした努力をしなくても、どんな情報を出しているかを個人がある程度把握できて、軽微なもの（たとえば、写真内の意図しない位置情報）はサービスの側で削除して残らないようにする、といった手当てがなされるようになることが、望ましい本質的な変化だ。

プライバシーを特に重視するヨーロッパでは、ネット上での「忘れてもらう権利」「削除権」についての議論が活発に行われている。ＥＵの市民権委員会は、２０１３年10月21日、データ保護指令に関する強化案の中に、正当な理由がある場合を除いて、ネット事業者は、個人から求められた場合、その個人の情報を削除しなければならない、という権利を盛り込むと決めた。この動きは、日本やアメリカのネット企業に対しても大きな影響を与えるだろう。

ネットに拡散してしまった情報を実際にきちんと削除できるのか、という点に疑問はある。結局はいたちごっこになる可能性は高い。だが、法的な枠組みができることで、「無意味に個人を特定する情報を集める」ことを避け、属性以外の情報をはぎ取る流れが増える効果は期待できるだろう。

▼「ペルソナの使い分け」という罠

そしてなにより、筆者はそうした、ネット上で自分の情報がわからないよう、細かな努力をすべきだ、という論調には、あまり意味がないと思っている。

理由は、いまや情報は「クロスマッチ」した上で特定に使われているからだ。

ネットと個人情報の扱いについては、こんな意見を耳にすることも多い。

「そんなに身元バレが怖いなら、アカウントを使い分ければいいのに。本名を使ったものは注意して使い、危ないことなどは別名のものを使えばいい」

特に若者の間では、こうしたペルソナの使い分けが、ネットをうまく使うテクニックの一つとして知られている。だが、筆者はおすすめしない。むしろ傷を広げる可能性が高い。建前を中心にした「本名アカウント」と、そうでない「別名アカウント」が、実は同一の人物であると特定された場合、もっと大きなダメージを被る可能性が高いからだ。

２０１３年8月、日本最大の匿名掲示板として知られる「2ちゃんねる」にて、最大約13万件に及ぶ個人情報の流出事件が起きた。2ちゃんねるには、2ちゃんねるを快適に見たり、バックナンバーを閲覧したりするための「2ちゃんねるビューア」、通称「●（まる）」と呼ばれる有料制サービスがある。ここで流出したのはその情報だ。個人の名前やクレジットカードなどの決済情報が流出しており、プライバシーを扱う企業としてはきわめてずさんな体制であったことがわかったのだが、問題はそこで止まらなかった。

「●」を使っていた人々は、2ちゃんねるを日常的に使っている人々だった。2ちゃんねるは「匿名掲示板」なので、人々は自分の立場を隠し、思い思いに書き込みをしていた。言葉はきついが穏当な意見がほとんどである一方、中にはひどい書き込みも少なくなかった。特定の企業や個人を中傷する書き込みや、まるっきりの嘘などは、その代表例だ。

それが「匿名」であるうちは、まだいい。

しかし今回、個人名・企業名を含む「●」の情報が流出すると、「その書き込みをしたのは誰なのか」が、突如明らかになってしまったのである。匿名であったものが匿名でなくなったわけで、「匿名」のヴェールの向こうで話していた人々にとっては、きわめて深刻なダメージを被る結果となった。

2ちゃんねるからの情報流出事件は、もっとも極端な例だ。

だが、仮にそうした情報流出がなくても、匿名の人物の正体を探ることは不可能ではない。ちょっとした食事の情報や好きなものの話題など、共通性を推し量る手がかりはそこかしこにある。「特定班」グループの手にかかれば、そうしたちょっとした情報から、匿名であったはずの「あなた」の姿が表に出てしまう可能性は十分にある。我々の行動パターンは、ある程度決まっている。生活の中でソーシャルネットワークを使っていると、どんなに気をつけていても、自分につながる情報が出てきてしまう。それを完全になくすのは、現実的にはかなり難しい。

▼プライバシー問題で我々がすべきこと

我々は、あらゆるところに生活と活動の痕跡を残す。生きて、活動している以上、それは避け得ないものだ。企業はそうした痕跡からマーケティング情報を取得するし、自分自身も、そうした痕跡から「自分のための役に立つサジェスチョン」を受けることだってある。そうした中で「自分が特定され、一挙手一投足を監視される」ことは、誰しもが避けたいだろう。プライバシー問題の根幹はそこにある。

意外にも、企業はほとんどの場合、あなたを捕捉し続けることはない。彼らの目的は「多数への広告宣伝」であり、そこから生まれる「多数のビジネス」である。あなた一人だけにフォーカスしても、あまり意味はない。だが、個人がそうした行動に「不快感」を感じるのは事実で、それは避けなければならない。

政府機関などは、その組織の安全を守るため、個人のプライバシーを侵害することがある。本来あってはならないことだし、その暴走は厳に戒めるべきだ。ただ、そこに至る背景は理解できなくもない。ほとんどの個人は捕捉の対象ではなく、日常生活で気にすることもないだろう。今のＩＴ技術では、「多数の中の一人」を監視するのは楽だが、「圧倒的多数を監視し続ける」ことはコストに見合わないためである。

一方、個人が個人のプライバシーを侵すという状況は、どこでどう暴発するかわからない。ことプライバシー侵害について考える場合、筆者はこの点がもっとも深刻と考える。

こうした状況を勘案すると、我々がすべきことはかなり見えてくる。

第一に、本当に誰にも知られたくないことや、記録に残ってほしくないことは「ネットや企業」のかかわる場所では行わないことだ。ネットの虚空に吐いたつもりの暴言が、数年後に自分に返ってくることもある。ちょっとしたことは笑い飛ばせるし、そうすべきだと思うが、本当に知られたくないコンプレックスや、本来すべきでない差別的な言動は、匿名であっても、やはりネットの上でもさらすべきではない。

第二に、自分の行動がどう扱われるのか、ある程度は把握しておくことだ。行動履歴の活用がこれだけ複雑になると、個人がすべてを把握するのは不可能だ。だが、ある程度意識しておくことで、想定外の暴走を知覚することはできるだろう。

第三に、自分が情報を出すことのメリットとデメリットを、しっかり認識しておくことだ。グーグルのサービスが登場したことで、我々の生活はかなり便利になった。5年前まで、海外出張の際には、事前に移動すべき場所を下調べし、地図やプリントアウトを大量に持って行った。それでもわからなくなって、現地の人に聞くことも少なくない。英語圏の国ならまだしも、それ以外の国では言葉が通じないことも多く、難渋した。

しかし今では、そんな苦労は昔話だ。スマートフォンやタブレットが地図代わりになり、公共交通機関や店舗の情報は検索サイトから見つけられて、翻訳サービスすら使える。携帯の電波さえ届けば、見知らぬ国でも、ちょっとした苦労だけで済む。

一方で我々は、その時に、位置情報や「外国人がその土地で検索しがちなキーワード」という、大切な情報をグーグルに手渡している。だが、そうした情報を提供することと、自らの行動データが利用されることや、広告が表示されることのバランスで考えると、明らかに「我々にもたらされるメリット」のほうが大きい。

▼行動データは「第二の貨幣」となる

ポイントカードにしろ、スマートフォンのサービスにしろ、そしてソーシャルメディアに公開する自分の思いにしろ、その行動から得られる価値が見合っていないならば、利用する意味はない。

我々にとって「行動データ」は、知覚することの難しい「第二の貨幣」であり、その流通によって、我々はまた別の情報を得て、生活を豊かにしている。貨幣に近いものであるならば、我々は、それを提供することで「利便性」を享受できなければ意味がないのだ。

たとえばグーグルは幾度となく、「プライバシー侵害である」として、利用者側から訴えられている。特にメールサービス「Gメール」は、プライバシー情報が多いと考えられる「個人のメール」を機械的に分析、広告に生かしていることから、プライバシー侵害である、との指摘が多い。

グーグルはこの件について一貫して、「内容のスキャンに人間は一切関与しておらず、機械しか見ていない」こと、そのため「意図的に特定の個人の情報を抜き取ることはあり得ない」こと、そして、「サービス利用を許諾した段階で、そうしたグーグルの行為について、利用者側が許諾していること」を根拠に、問題はない、と主張している。

筆者個人としては、グーグルの主張はたしかにその通りだろうな、と思う。自分のメールの中にある、他人に知られたくない情報がネットに拡散したり、グーグルがそれを使って私に不利益になる行為を行うかといえば、おそらく「ノー」だ。

だが「あなたが」そう思うかどうか、その主張を許容するかどうかは、まったく別の問題だ。

Gメールはきわめて便利なものだ。パソコンや携帯電話における「メール」の価値を、機器の中にあるデータとしての価値から、クラウドの上にあるデータとしての価値へと押し上げ、スマートフォン時代をもたらした、画期的なサービスだ。だが、その便利さと、グーグルがメールの内容を無差別に解析している、ということは「バーター」である。そうした点が許容できないのであれば、やはりGメールは利用すべきでない。

ただしここで問題なのは、GメールやSNS、アマゾンのような巨大ウェブ通販事業者、そして個人情報を活用するウェブサービスのようなものの存在を許容することなく、今のスマートフォンやネットの利便性を享受することはできない、ということでもある。好むと好まざるとにかかわらず、人は個人情報と利便性の交換を強いられている。さらに、そうした状況をきちんと理解しつつサービスを使う、という点まで視点を広げれば、より敷居は高くなる。個人情報が「第二の貨幣である」と考えるのは、好むと好まざるとにかかわらず、ネットに依存せねば生活しづらい、という側面にも基づく。

ただこれは、クレジットカード会社と個人の関係で喩えることもできるだろう。クレジットカードというシステムは便利だが、そこでの買い物情報や個人の行動、信用情報は、すべて彼らの元に蓄積されている。手数料＋個人情報で、利便性を受けているのがクレジットカードというシステムである、ともいえる。

他方で現在、世界中で「プリペイドカード」ビジネスが広がりつつある。クレジットカードの信用情報と、実質的に負債を強いるシステムを嫌い、必要な利便性と適切な範囲での匿名性を兼ね備えたものとして、プリペイドカードが見直されているのだ。クレジットカード会社も、彼らのシステムを使いつつ、プリペイド型ビジネスを広げる方法を模索している。

こうした考え方がネットと個人情報にも広がってくると面白い。個人情報の適切な提供を代償に、最大の利便性を提供する既存のスタイルのやり方と、制限された利便性しかないが、匿名性はより高いシステムの併存、という形が生まれてくるのが望ましい。

第六章◉行動データがお金を生む仕組み

▼追いかけすぎは禁物⁉

これまでの章で述べてきた通り、我々の行動はどんどん記録されるようになり、そこからの類推はマーケティングに活用されるようになっている。そこには多様なビジネスチャンスもあるが、多くの人は次のように感じるのではないだろうか。

「そんなに自分の行動を追いかけられても気持ち悪い」

まさにその通りで、データ解析があればチャンスが生まれる、とシンプルに考えるのは難しい。

では「データ解析」と「人」の関係はどうなっていくのだろうか。最後の章では、そこについて考えていきたいと思う。

人の行動データに基づいてマーケティングが行われることに、拒否感を持つ人も多いはずだ。自分を追いかけて広告を見せられることを喜ぶ人が多いはずはない。

中でも最も迷惑だと感じるのは、ダイレクトメールのたぐいのはずだ。現在でも、自宅には大量の紙のダイレクトメールが届き、メールボックスには大量の迷惑メールが届く。これらは個人データが企業間でやりとりされている証であり、今後の行動データを活用したマーケティング活動では、そうした行為がさらに広がるのでは……と懸念される。スマートグラスをかけていると、刺激的な広告が次々差し込まれ、スマートウォッチは、まるでしつこい客引きのように振動しつづける……。そんな姿は悪夢に近い。

だが、本当にそうなるだろうか？

そもそもマーケティング活動は「人にモノを買ってもらう、サービスを利用してもらう」ためにある。もちろん、見せることは製品の周知につながる。だがその結果、消費者に嫌われてしまっては本末転倒である。

現在でもその傾向はある。

ウェブの行動履歴を使った広告は、現在もいくつかのパターンに分かれている。

基本は、特定のサイトに広告を出し、そこで「特定の属性を持つ人」に見せる広告だ。これはある意味で、広告の「見せ分け」に近い。検索した時、検索結果の隣に出る広告（検索連動型広告、リスティング広告などとも呼ばれる）もこれに近い。

ただその場合でも、見せ方によっていくつかの法則がある。

一つは、サイトを特定して表示するもの。大手ウェブサイトなどで見かけるのはこの形態が多い。

そしてもう一つは、サイトを指定せず、複数のサービスへと横断的に広告を入れるタイプのものだ。こうしたスタイルは、ネット向けの広告代理店が、個人向けのブログサービスなどに「枠」を提供する形で出される場合が多い。個人のブログの場合、一つのメディアとしての力が大手ウェブサイトに比べ弱い場合が多いため、広告主側が媒体を指定して広告を出すという、紙媒体の時に近いやり方はできない。また、それでは圧倒的な数が命であるウェブの世界での広告価値を失うことになる。そこで、媒体側は「枠」を用意して、その中にネット広告が差し込まれる形で運営されているのが、現在のネット広告の姿でもある。そこでは当然、ここまで述べてきた「個人の属性を使った連動広告」が基本だ。

最近、特に後者の広告が変わってきている。宣伝される商品や表示されるメディアに偏りができているのだ。

そもそもこの種の広告では、広告を表示するメディア側が「NG」を設定できるようになっている。それは主に、メディアとしての価値を保つための仕組みである。女性向けのブログに男性向けの性的な広告が集まると、メディアとしての「場」が荒れる。同様に広告を入れる広告主側でも、適切なメディアに広告を入れたい、と考えるのは当然のことである。

個人を属性で切り取って追いかけつつも、適材適所で広告を表示する。当たり前のことに思えるが、ネット広告の世界では、そうしたことが時に忘れられてしまう。

筆者も実際に経験がある。海外出張のため、現地で使う通信手段について、ネット検索で情報を集めていた。するとその後、開くブログやネットメディアに、しばらくずっと同じ「海外旅行者向けに通信機器を貸し出す企業」の広告が出続けるようになった。一度や二度広告が出るならいい。あまりにずっと出続けるため、筆者は正直気持ち悪くなったし、その企業に良い印象を持てなくなった。その後、同種のサービスを使う機会があったのだが、その時、問題の会社のサービスを選ぼうとは思わなかった。おそらく今後も、使うことはあるまい。

おそらく問題の企業は、ウェブに対して大量の広告出稿を行った上で、特定のキーワード検索をしつつ情報を探している人に対し、ほとんど無条件で広告を出すよう指定して広告展開をしているのだろう。個人の属性を追いかけて広告を見せる機会を増やす目的であれば、一見正しいやり方に思える。だが実際には、あまりに同じ広告が出続けると、人は不自然に感じるものだ。個人属性をしっかりと特定し、追いかけ続けることが可能な「ネット」というメディアであるからこそ、そうした行為はむしろ「下策」にもなり得る。

▼「個人から付かず離れず」か「個人の感情を無視して無作為」か

電通総研・メディアイノベーション研究部長の奥律哉は、ネット広告に関して筆者とディスカッションをしている最中、次のように語った。

「個人をピッタリと特定し、追いかけていってほしいといわれれば、今なら簡単にできます。でもそれは、広告という『広くあまねく』伝えることを目的とする行為にとっては、ある意味本末転倒でもあるのです」

そもそも広告は、その商品やサービスを知らない人に対し、目的のものを「周知」するために使う。その時、もっとも効率のいいやり方は、たくさんの人が見ているメディアを使って一斉に広告を出すこと。テレビというメディアの価値はそこにあり、テレビの凋落が叫ばれる現在でも、その価値はまだ失われていない。他方で、それだけでは周知できない「すき間」も、積み重ねれば膨大な量になる。特に、移動中にもネットの情報に触れるようになった今では、古典的な意味での「マス」メディアに接触していない時間でも、ネットというメディアに触れていることになる。そういう意味で、ネット広告は大切な存在だが、細分化しすぎると、今度は効率が悪くなる。広告にとって大切な「周知」という部分が弱くなるからだ。また、あまりに追いかけすぎても、前出のような「拒否反応」を生むことになる。

迷惑メールなどにしても同様だ。メールをばらまくことは簡単だが、迷惑メールフィルタの進化などに伴い、消費者に届く前に捨てられるものが増えてくる。紙のダイレクトメールは「捨てる」時に目にせざるを得ないが、電子メールは捨てるのも一瞬。自動分類なら目にすることすらない。個人情報を取得してランダムにメールを送ることの広告価値は、どんどん下がっているのである。

そういう意味でも、ネットメディアへの広告ほど、「どれだけの予算でどれだけの人々に、どうやって見せるか」という戦略が重要なものはない、といえる。追いかけられるから追いかける、というやり方は、すでに賢いものではない。広告費をある程度しっかり使い、その価値を分析する企業（たいていは大企業だが、ベンチャーでもそうしたところは少なくない）の場合、無差別にネット広告をばらまくようなやり方はやめている。そんな方法に価値はないからだ。

とはいえ、そうした「無差別型」も残るのは間違いない。どういったところが使うかというと、「消費者に対するイメージ」を気にしない企業だ。アダルトサイトや金融商品の一部などは、そうした代表例になるだろう。一般的なメディアにおいても、広告費の高い＝周知度の高い場所は大手企業が占め、そうでない、より広告費が安く済むところについては、よりさまざまな企業の広告が入る。それは一般的なことではあるが、ネットメディアにおいては、さらにそうした傾向が強くなる。単純に「露出量」を求める企業と、単純な露出よりも広告としての認知度や好感度を求める企業との差は、日々大きくなっている。

そう考えると、個人情報を活用したマーケティングの手法は、「その個人から付かず離れずを繰り返し、最大の広告価値を狙う」ものと、「感情など無視して無作為に同じ行為を繰り返す」ものの2パターンに分かれていくのだろう、と考えるのが正しい。前者には分析と戦略提案が必須だが、それには知恵もお金も時間もいる。だが後者はシステムさえあれば可能で、たいしたお金はかからない。そして、機械的なものであるだけに、後者を「機械的に」排除するのは難しくない。現在世界的に、単純なバナー広告のクリック率は下落傾向にあり、戦略に基づかない「バナー広告の乱れ打ち」の効果は否定されつつある。

今後、両者を分ける領域はさらに広くなっていくだろう。データを持っているからといって、それが正しい成果に結びつくとは限らない。

▼ネット企業の勝者の共通点は「システムがつねに変更可能」

データが集まると、そこからはさまざまな姿が読み取れるようになる。これまでは「想像」「予測」で行っていたことを、きちんと検証した上で動けるようになる。

だが、データ分析は難しい。そのため、ビッグデータという言葉とともに脚光を集めているのが「データアナリスト」「データサイエンティスト」という職種だ。読んで字のごとく、データを解析して企業の課題解決に生かす人々のことを指す。

ヤフーには、日々大量の個人データが集まってくる。彼らは実際に、それをどう解析しているのだろうか？　さぞや、大量のデータアナリストが働いているのだろう……と思われがちだ。大量のデータの分析が、最終的な「行動の分析」につながるのは間違いない。だがその過程では、解析のために、むしろデータを「絞る」ことが重要となる。

ヤフージャパン・安宅は、同社の検索履歴から景気動向を分析する際に必要なこととして「データをはぎ取ること」を挙げる。

「景気指標の分析に、最初は196のキーワードを使っていました。しかし結局最終的には、15前後のキーワードしか使っていません。答え合わせをしてみると、196キーワードで予測していた時より、15キーワードの時のほうがずれが小さいんです」

15という数字はかなり小さいように思える。国内景気指標の一つである日経平均株価は、225の株式銘柄の平均値だ。その15分の1の指標から、日本の景気がほぼ読み取れる、というのだからおもしろい。

だがこの「15キーワード」には、もちろん秘密がある。単純に選択したものではなく、その時の状況に合わせ、最適化を行って選んだ、もっとも景気を反映しているキーワードなのだ。15のキーワードの内容は公開されていない。公開することで、予測そのものがずれてくる可能性があるためだ。一例として、「ターニングポイント」のような単語の検索量が増えれば景気判断にプラスに働き、「帝国データバンク」の検索量が増えればマイナスに働くという点は公開されている。後者の場合、おそらくは倒産に関する検索につながっているからだろう。なお現在は、さらに分析手法は変化しており、15のキーワードというやり方も、あくまで当時のものに過ぎない。その選択の背景には、データをきちんと解析した上で、最適な結果を得るために「できる限り小さな数字を探す」という、解析技術とシステムの存在がある。解析に使うデータが大きければ大きいほどいろいろな情報が得られそうだが、逆に大きすぎれば、処理に時間と手間がかかる。料理に喩えれば「下ごしらえ」が欠かせないわけだ。

ヤフージャパン・小間は、「データサイエンティストの仕事はなにか、と聞かれても、それを明確に答えるのは難しい」と話す。なぜなら、彼らの元には、それだけを専門にする部隊はいないからだ。

「弊社のデータソリューション本部には、データエンジニアの仕事もあります。しかし実際には、アナリスト的な仕事とエンジニア的な仕事の混成部隊になっている」

ヤフージャパンでの体制を、小間はそのように説明する。その理由は、データの解析とデータを集めて解析するためのシステム、そしてそれをサービスに反映させるためのシステムの開発は、同社にとって不可分な存在であるからだ。同社ではつねに100以上のプロジェクトが動いており、その中で、分析の専門家とシステムエンジニアが連携して働いている。

その両者を各部署から出し合い、一緒に働く形でないと、サービスに反映されづらいからだ。

筆者は多数のネット関連企業を取材してきた。その中でも「勝っている」企業に共通しているのは、あらゆるシステムがつねに「変更可能」な状態である、ということだ。

消費者の利便性を上げる、内部での運用効率を上げるといった目的から、システムはつねに細かく変更可能でなくてはならない。アマゾンにしろ、ヤフージャパンにしろ、そうした考え方は「不文律」「常識」のように浸透している。改良のために改めてプロジェクトを作り、大規模な稟議書と提案書を作って、外部の開発会社に委託してシステムを改変する……といった手順では、スピードが遅くて変化に対応できないのだ。アマゾンやヤフージャパンは、サービス更新を目的としたメンテナンスのために、サービス全体が長期的に止まるようなことはない。だが、サービス更新を目的に数時間・半日のメンテナンスを挟むサービスは少なくない。そうしたことを「当たり前」と考える企業はまだ多いが、世界トップクラスのネット企業では、「サービスを止めない」のが当たり前だ。そうした基本があるため、サービスの変更は「大きくまとめて」ではなく、日常的に細かく改善を加える形が一般的だ。

そして、そうした日常的な改変を支えているのが、データを解析した結果だ。だとすれば、解析するチームと開発するチームが離れていては意味がない。

▼データは「下ごしらえ」が肝心

「100もプロジェクトがあれば、すべてに最適なシステムなどない」と小間は言う。しかし、データをどう格納するか、社内利用する際にどう取り出すか、といった手順は共通化できる。小間はそれを「調理場での冷蔵庫」に喩える。冷蔵庫の使い方・場所・設備は共通化し、利用するデータ（冷蔵庫の例に倣うなら、食材にあたる）も共通化した上で、そこからどう調理して顧客に提供するかを変えるのである。

だから小間は、ヤフーでデータを扱う人々を「シェフ」に喩えている。同じ食材を使っても、調理方法によって料理が異なるように、データも処理方法や目的によって、最終的な使い方が異なる。そしてプロの調理人が、効率的な作業のために「プロの道具」を必要としているように、現場でデータ分析とサービスへの反映を行う人々にも、最適なソフトウエアとシステム、分析手法が必要になってくる。安宅の示した「15のキーワードで景気が読めることを示す」「最適な15のキーワードを選ぶ」という作業は、レストランで食材を「下ごしらえする」形といえる。

「ちょっとした隠し味ですが」と笑いながら、小間は、ヤフージャパン内に存在する「砂場」の役割を説明する。

小間の言う「砂場」とは、ヤフージャパン内にある、データ分析の実験場のことを指す。実際に収集されたデータを置いておき、ソフトとサービスを組み合わせつつ、「こんなことをするとなにができるのか」を、エンジニアやアナリストが実際に試すことができる環境が整えられているのだ。その結果はもちろん、外部に出ることはない。安全な砂場でお城や山を作って遊ぶように、エンジニアたちが自由に試行錯誤できる場を用意しているわけだ。こうした「砂場」は、多くの大手ソフト開発企業が持っている。そうした試行錯誤で生まれたものを素早く実サービスに展開できるようにすることが、彼らのスピード感につながっている。

逆の言い方をすれば、「スピード感を生かせる開発環境」「砂場を用意する余裕」といったものがなければ、巨大なデータを理想的に扱うのは難しい。いかにネットを使ったビジネスが気楽になろうと、そこでは「スケール感」が必須になるのだ。

だから、大量の個人データを持つ企業は、単にデータを提供するのではなく、分析のためのシステムや、コンサルティングを行うチームとのセットでの提供を前提としている。NTTドコモが「モバイル空間統計」データを提供する専門の子会社を立ち上げたのも、トヨタやテレビ情報をデータ化するエム・データが、データ解析システム提供の分野でマイクロソフトと提携しているのも、こうした理由に基づく。

▼「行動データ」は「名簿」ではない

大量の個人データを持つ企業が、それを外部に提供する場合には、生の個人情報から、適切に「直接的に個人を特定可能な情報」をはぎ取った上で、人々の「属性」「行動形態」だけがデータとして使われる形にせねばならない、という点は、いうまでもない。だが、それがどのように行われているかがクリアではなく、そのことこそが、行動ベース情報をビジネスに生かす上での最大の障害だといえる。

現在、個人データは名簿業者などに売って現金化できる。もっとも単純でわかりやすい「プライバシー侵害」の形ともいえる。だが、それはあくまで「現金化」でしかないし、継続的なビジネスにはならない。そもそも個人の許諾を得ないでそうしたことを行うのは違法だ。個人情報は結局のところ「名簿」にすぎないが、行動データはそれ以上の価値を持っている。本書で述べてきたのは、そうしたものにどれだけの可能性があるか、ということだ。

その文脈に則り、各企業が行おうとしているのは、日々集められる個人データを「行動データ」に切り換え、そこから継続的に収益を得ることである。そのためには、「合法であること」「繰り返し価値が発生すること」が必要になる。別の言い方をすれば、行動データを活用・流通させることでお金を生む仕組みを作ることでもある。これは、個人情報を行動データに変えて「通貨的意味合いを持たせる」ことでもある。

行動データが通貨的に扱われるのだとすれば、それは匿名でなくてはならない。通貨には名前はないし、誰が使っても同じように価値を持つ。

そこで躓く企業は少なくない。

日立製作所は2013年6月、JR東日本の交通系カード「Suica」から取得した行動データの提供を受け、駅周辺でのマーケティング資料の分析や作成業務をスタートする、と発表した。だが結果的に、この試みは9月になり、当面見合わされることになった。

理由は、データの社外提供の仕組みやそこでの個人情報の切り離し方が不透明である、との批判を受けたためだ。7月になり、JR東日本は改めて技術的な説明を公開、9月25日までに連絡があれば、その人に関する情報は公開範囲から除外する、と明言した。しかし結局、それでも状況は改善せず、JR東日本はSuica関連データの社外提供を当面見合わせることとなり、日立製作所のビジネスも中止されることになった。

JR東日本が公表した情報を見る限り、Suicaから個人情報を取り除き、「ある属性の塊の行動データ」として扱う流れは、大きな問題があるものには見えない。だが、それを最初から公開しなかったこと、多くの人は「自分がすでに情報提供に同意したとみなされている」と認識していなかったこと、データの使い方がはっきりしなかったことなどから、プライバシー上大きな問題があると指弾される結果になった。

企業の中で価値を生かしきれていないデータを活用する、という流れは今後加速する。だがその時、それが本当に正当に活用できるかどうか、活用するためのルールを整備しているかどうかは、企業の姿勢で決まる。

もちろん、データを売らない、と明言する企業もある。ホンダ・今井武は「弊社からはデータを他の企業に提供する予定はない。今のところは他社と交換する価値を見出せていないので、自社内で活用する」という。

「そもそも、クルマはこんなに面白いものなのに、なぜ人はクルマを買ってくれないのか。それは、渋滞があったり事故があったりするからです。それをなくすのが第一であり、そのためにデータを使います。そうなればドライブは楽しいはず。あくまで楽しいモビリティを作り上げるために使います」（ホンダ・今井）

それはそれで見識であり、ある意味でリスク軽減策でもある。

▼人がいなければデータは生かせない！

データの解析については、かなり属人性が高い、というのが実情だ。

ホンダは、自動車の通行データから得られた情報を使い、快適に目的地へたどり着くためのルートを提供するサービスを行っている。その際、基本的な情報については、巨大な通行データの塊から解析を行うことで最適なルートを見つけ出しているが、最後に判断を行う時には「専門家がチェックして、決める」（ホンダ・今井）という。たとえば、事故や災害などによって異常な値が出てくることがある。それがどう異常で、どう処置すべきか、すべてをソフトウエアに頼ることはできない。最後には人の手が入ることもある。

ただし、その比率は少しずつ減っている。時間が経ち、イレギュラーな状態でのデータも蓄積が進んできたことで、さまざまな状況を読めるようになってきたからだ。

逆に、データを「捨てる」こともある。古い情報が残っていても、それはノイズになってしまうからだ。「データ量がある程度を超えると、その前のものは捨てます。実際問題、都内の情報であれば、タクシーから得られる6000件くらいでも十分」と今井はいう。この辺の見切りは、ヤフージャパンで検索データから景気を分析する例に近い。データを集め、そこから実際にさまざまな情報を取り出して運用した経験が豊富だからこそ、「本当に生かすべきデータはどこか」「どうデータを読んで、使うべきか」がわかっているのだろう。

第五章で、西日本鉄道が運営する交通系プリペイドカード「ｎｉｍｏｃａ」をご紹介した。このカードの場合、利用者の名前や性別が把握できている割合が多いため、行動データの分析には最適な状況にある。

だが実際には「年に数回発行するダイレクトメールくらいにしか活用できていない」と同社担当者は明かす。

同社は、nimoca決済を導入している加盟店に対し、さまざまな店舗での売り上げデータや行動の状況などを分析できるツールを用意している。そこで使われるのは、nimocaから得られた売り上げデータや行動データから、個人を特定するための情報を取り除いたものだ。

しかし、そのデータをきちんと活用している加盟店は少ないし、西日本鉄道自身もてあましている。理由は、そうした大量のデータを「どう分析して」「その結果をどう読むか」というノウハウが欠けているからだ。特に加盟店側は、簡単な売り上げランキングくらいは読んでいるものの、そこから解析して行動を分析する、というところまで、まったく至っていない。

その背景にあるのは「人材」の問題だ。同社でnimocaの立ち上げを担当した人物は、すでに同社にいない。情報を収集するシステムを作り、それを簡易に解析するシステムを作り、将来的にはそのデータを生かしたコンサルティング事業も……と構想は立てていたものの、中心人物が他社に転職してしまった結果、データは構想通り生かされていないのである。

西日本鉄道にとって、ｎｉｍｏｃａから得られたデータは資産であり、この先に生かせる重要な情報であるのは間違いない。しかし、個人情報を適切に管理するには、それ相応の管理体制とコストがかかる。データの量が増えるとその管理リスクは次第に増大していく。鉄道会社や携帯電話事業者のように、個人情報が自動的に集まってしまう会社にとっては、そうしたものの管理リスクも織り込み済みと考えるべきだが、そうでない企業にとっては、「生かせない」「生かすつもりのない」個人情報の収集は、単なるリスクになりかねない。

だからこそ、個人の名前や住所を含む完全な個人情報でなく、ある属性に伴ったふるまいデータのような「個人を特定しない行動データ」が求められるようになっているのである。

▼行動データ解析によって勝ったソーシャルゲーム

本書で述べてきたように、スマートフォンの台頭は、あらゆるビジネスに大きな影響を与えている。中でもその影響が著しいのはゲームの世界だ。特に日本国内においては、家庭用ゲーム機向けのソフトで大ヒットが出にくくなり、大手ゲームメーカーの収益源は、俗にいう「ソーシャルゲーム」に移っている。

ソーシャルゲームの定義はあやふやだ。「ソーシャル」という言葉からわかるように、本来は、ソーシャルネットワークを介してプレイされるゲームのことを指す。友人をゲームに誘ったり、友人とともにプレイするといった要素を持つのが特徴だ。だが実際には、日本で「ソーシャルゲーム」という場合、そうした要素はかなり希薄である。むしろ共通要素としては、携帯電話やスマートフォンの上で動作し、ゲーム本体は無料で提供された上で、ゲームを有利に進めるためのアイテムを有料で買う……というビジネスモデルを持ったもののことを指す場合が多い。本来の定義に従えば、こうしたゲームのことは「Ｆｒｅｅ ｔｏ Ｐｌａｙ（略してＦ２Ｐ）」と呼ぶのが正しいが、そうした要素もまとめて「ソーシャルゲーム」と呼ばれることのほうが多い。

どうしてこうしたゲームがヒットしたのか、という要因については、あえて後述することにしよう。だが、ゲームメーカーから見ると、「無料」であることを入り口に、有料アイテムから効率良く売り上げが上がることが魅力だった。ヒットしたソーシャルゲームの場合、月商数億円という、家庭用ゲーム機では数十万本を売り上げないと得られないような売り上げが、比較的容易に達成できる。利益率を重視するなら、ゲームメーカーとしても見逃せないと考えるのは当然だ。

そうした傾向から、家庭用ゲーム機メーカーも、ソーシャルゲームを見直している。ソニー・コンピュータエンタテインメントは、欧米で２０１３年11月に、日本では２０１４年２月に、新型ゲーム機「プレイステーション４」を発売する。スマートフォンなどとは比較にならないほど高性能で、できるゲームの内容もずっと高度であることが最大の特徴だが、同社のゲーム開発部門、ＳＣＥワールドワイドスタジオ・プレジデントの吉田修平は、「それらのゲームから学ばねばならない点は多い」と話す。

「ソーシャルゲームには、ユーザーの挙動をデータで捉え、ゲームの内容を良くしていく、というカルチャーがあります。これは完全にウェブのカルチャー。そういうインテリジェンスを使ってゲームを良くする試みは、当然家庭用ゲーム機でもやらなければならない」

実際、ソーシャルゲームの売り上げを支えているのは、ゲームをプレイする人々がどのような行動をしているかを捉え、その行動を分析した上で細かに改善を加えていく、というメソッドである。吉田の言うとおり、これはゲームというよりは、ウェブサービスを作る人々が持っていたカルチャーだ。ヤフージャパンが、売り上げをアップするために、ユーザーの行動を分析してシステムを改善し続けていくことと、まったく同じやりかただ。

そうした手法を使い、ソーシャルゲームというジャンルを確立し、一時は世界を制した企業がある。米・Ｚｙｎｇａ社だ。同社はフェイスブックの勃興とともにフェイスブック用のソーシャルゲームを開発、一気に売り上げを伸ばした。彼らの作っていたのは、「ファームビル」「シティビル」などのゲームだ。ファームビルは農園を作るゲームであり、シティビルは街を作るゲーム。どちらも操作方法はほぼ同じで、特定のエリアに植物や建物などを配置し、その土地の価値を上げていく、というものだ。ゲームとしてはさほど珍しいものではなかったが、新しかったのは、フェイスブックというプラットフォームの上で広がっていったことと、Ｚｙｎｇａが「徹底して計算して作っていた」ことである。２０１０年3月、サンフランシスコで開かれたゲーム開発者会議「ＧＤＣ２０１０」にて、ファームビルの開発者であるマーク・スカッグスは、その開発手法を次のように説明した。

「ゲームのおもしろさを計測することはできないが、プレイヤーの行動は計測できる。そして何度もプレイヤーが繰り返す行為があれば、それが『楽しい』ということになる」

ファームビルは、他のソーシャルゲームと同様、多くの家庭用ゲームに比べとても簡単に遊べる。それも当然で、家庭用ゲーム機についていけない人たちを集めたかったからである。やることもシンプルだ。だが、そこで「なにをするか」は、大量のユーザー調査から得られた結果を反映して得られた「本当にユーザーが楽しいと思ったこと」なのである。

たとえば「農園で雑草を取る」ことは、計算機的にいえば単なる繰り返し作業にすぎない。しかしユーザーにとっては「農園を美しく保つ」という、楽しいルーチンワーク。それを、プレイヤーの行動分析によって最適化し、面白さを最大化するよう改善し続けることで、ゲームとして成功を収めることができた。

こうした手法は、パソコンや携帯電話におけるF2P型ゲームでは、必須のものである。

日本では、2009年から2012年頃まで、携帯電話向けゲームを中心に、グリーとDeNAがしのぎを削っていた。彼らがゲームを開発し、特に有料アイテムの配布方法やゲーム難易度の設定に活用していたのが、Zyngaと同じような「計測的手法」だ。

DeNAを大企業に押し上げたのは、同社が開発した「怪盗ロワイヤル」の大ヒットだ。他人と協力しつつも競い合う、というゲームの構造が評価されたこともあるが、やはり巧みだったのは、行動データに基づく分析をベースに、アイテムの販売方法やゲームの難易度などを複合的に構成したことにある。面白い上に、無料では厳しくなる頃に有料アイテムを提示し、購入を促す仕組みになっていて、まるで「馬の鼻先ににんじん」をぶら下げられたかのように、アイテムを買いやすくなっている。

DeNAは、そうして出来上がった「ロワイヤル」の法則を、別のゲームにも応用した。キャラクターや味付けを変え、「戦国ロワイヤル」「ガンダムロワイヤル」などをマルチに展開、収益を拡大する策を採った。

▼解析で勝って「画一化」で敗北

さて、こういった話をすると、少し奇妙に思う人もいるだろう。ZyngaもDeNAも、現在は必ずしも好調ではない。Zyngaは2012年以降、急速な業績不振にあえいでいる。２０１０年には企業価値が50億ドルを超えると言われたが、２０１２年７月には赤字に陥り、２０１０年に鳴り物入りで設立した日本法人も、たった２年で閉鎖した。２０１３年現在も、黒字化には至っていない。ＤｅＮＡも営業利益こそあげているものの、２０１３年４〜６月期まで、３期連続の減益となっている。

プレイヤーの行動を分析し、面白さとビジネスとしての堅さを持ち合わせていたはずの両社は、意外なほど簡単にトップの座を追われた。日本でＤｅＮＡに代わってトップへと上ってきたのは、ガンホー・オンライン・エンターテイメントだ。同社が開発したソーシャルゲーム「パズル&ドラゴンズ」（通称パズドラ）は、グリーやＤｅＮＡのゲームに代わり、ソーシャルゲームで支配的地位を得ている。２０１３年９月には１９００万ダウンロードを突破、売り上げも好調だ。

ＺｙｎｇａやＤｅＮＡをパズドラが追い抜いた理由はいくつもある。ＺｙｎｇａやＤｅＮＡのゲームはスマートフォンへの対応が遅れており、スマートフォンを前提に開発されたパズドラが、スマートフォンの普及に合わせて伸びていくことと好対照であった、という点は大きい。

だが、筆者が考える最大の理由は、ＺｙｎｇａやＤｅＮＡのゲームに人々が「飽きた」ということである。行動をベースに内容を研ぎ澄ましていくことは、たしかに価値を高めるのに有効だ。だが、それは「リニアな変化」でしかない。まったく新しい楽しみは生まれにくい。スマートフォンに特化したパズドラは、ファームビルや怪盗ロワイヤルにない楽しみを持っていた。特にこれらのゲームは、複雑な操作を伴わずにプレイすることを狙っていたため、ゲームとしてもシンプルだった。だからこそ、いったん飽きてしまうと客離れも早い。ファームビルの後に出たゲームは、Ｚｙｎｇａのものも他社のものも、ファームビルに似ていた。怪盗ロワイヤルの後に来たゲームは、怪盗ロワイヤルが採用した「カードゲーム」を模したタイプのものが多かった。

パズドラのプロデューサーである山本大介は、パズドラ開発のポリシーについて「間口を広くとった上で、課金だけを考えずに面白さを優先にした」と語っている。計算された同じスタイルのものが続いた中で、計算しない別の切り口のものが登場し、それが実際に面白かったことが、結局は「計算」に勝ったのである。

ガンホー・代表取締役社長の森下一喜は、ゲーム開発者会議「ＣＥＤＥＣ　２０１３」にて、パズドラヒットの分析に関する講演を行った。その中で、ヒットの方程式を問われてこう答えている。

「やっぱ、ない。そんな方程式があれば、みんな成功しているんです」

解析によってヒットを生み出すことはできない。結局は、なにかいわくいいがたい才能や偶然によって生まれたものが、ヒットを生み出す、という達観から生まれた言葉だ。

誤解してほしくないのだが、そうした中で「行動データ解析」が価値を持っていないわけではない。

「計算がない」「儲け主義ではない」といわれるパズドラだが、実際には、プレイヤーを課金アイテムに誘導し、収益を多くしたり、プレイの難しさ・面白さを調整したりするための分析はきちんと行われている。特に、ある程度しっかりと課金するプレイヤーから効率的に回収する仕組みの構築は、高度な計算の元に成り立っている。

クオリティを高めるためにもビジネス効率を高めるためにも、やはり行動データ分析は大きな価値を持っている。しかし、それはあくまで「出来上がったものを強化」するためのものであり、トレンドが入れ替わる時には、驚くほど無価値になる。

▼「ハイスピード・口コミ」の世界を読むには

逆にいえば、そうした変化のトレンドを読み、一つの成功に固執せず、次に切り換えていくためにも、データを読むことの価値は存在するはずだ。

サービスにしろ、コンテンツにしろ、ヒットは突然やってくる。

本書で述べてきたように、ネットでは意外とモノが見つけづらい。他方で、ひとたびヒットの種が見つかると、それが燃え上がるまでの時間はずっと短くなっている。

ソーシャルメディアのなかった時代、口コミの伝播速度は限られていた。だがソーシャルメディアが広がった今、伝播速度は数十倍に上がっている。自分が「面白い」と思ったものを伝えるためのハードルが劇的に下がったからだ。ツイッターで「リツイート」したり、フェイスブックで「いいね！」をつけたりする作業はワンクリック。ほんの数秒でいい。メールや電話で内容を伝えることですら、そうした作業に比べれば手間が多い。

結果、ちょっとでも面白いものは恐ろしい勢いで人々の間に流通していくが、他方、そうして伝わっていった情報の多くは、人々の前を容易に過ぎ去ってしまう。ネットでの流行は日々変わっていて、ここに例を書いたところで、もう皆が中身を忘れてしまっている可能性が高いほどである。

見つかりにくいが、ひとたび消費者に「見つけてもらう」ことができれば、ヒットに結びつく。そうしたことを理解している人々は、すでにそれをマーケティングに生かし始めている。ネットをマーケティングに生かすことは、人々のコミュニティに合わせて情報を出し、その目の前に「売り場への道」を作ることになってきている。たとえば、ツイッターの公式アカウントで計画的に情報を出し、その中で販売ページやキャンペーンページへのリンクを紹介することで、顧客に商品や売り場を認識してもらう、という作戦だ。そうした行為の多くは、現状、ソーシャルメディア担当者の才覚に頼る形で行われているが、傾向を確実につかむためには、消費者の行動を分析して得られた予測からの展開が重要になる。ソーシャルメディアから見える風景は、今後も変わり続けるだろう。その多くは、計算できない「突然のヒット」がほとんどだ。奇妙なことだが、流行という名の画一さが短時間で切り替わるのが、ソーシャルメディアが普及した時代の特徴であり、それもまた多様さの一つだ。そうした「新しい多様さ」の中からなにを見つけるかが、結局はビジネスのカギである。

ソーシャルゲームの世界では、「多様でないこと」が効率を生み出したものの、急激なビジネス環境の悪化も招いた。そもそも人間の持っている「多様さ」は、そうそう失われるものではない。データ解析によって画一化することはビジネスを弱くする。

データは、多様さの中にある流れを「読む」ために使うことがやはり本質なのである。ヤフーは選挙結果において、「山本太郎」という特異な部分を正確に予測することができなかった。彼の行動の是非はともかく、政治という枠から飛び出していた。別の言い方をすれば、「フェンスから飛び出ようとする傾向をつかむ」ことができれば、本来は難しいヒットの芽を見つける情報となる、ということなのだろう。

おわりに

スマートフォンの次の世界がやってくることは、人々にとって望ましいことだ、と筆者は考えている。スマートフォンの登場で、我々の生活がどのくらい変わったのかを考えれば、答えは明らかだ。パソコンと携帯電話で異なっていた「インターネット」の世界は一つとなり、さらには「いつでもどこでも使える」ことで、さまざまな新しいビジネスを生み出した。ソーシャルメディアの定着によるコミュニケーションの変化はその一部であり、変化はより明確になっていくだろう。

スマートフォンの「次」が生み出す、位置情報と行動情報、そしてネットの情報が絡み合う世界は、スマートフォンから地続きでありながら、今までとは異なる生活を我々にもたらしてくれる。位置情報とネットが絡み合った世界が生まれることで、人間は初めて「ネットを本当に生活の中で使う」ことができるようになるはずだからだ。スマートフォンが生み出したいくつもの革命よりも、さらに大きな変化がもたらされることは間違いない。

スマホ後に来る本命が、メガネなのか時計なのか、正直筆者にも予測はつかない。より想像力を刺激するのはスマートグラスのほうで、いろいろな意味で道のりは厳しそうだが、そこにはさまざまな危険以上に、チャンスが転がっている。スマートフォンの登場で、多くの企業が変化の波にさらされている。そこを危機的に語る向きもあるが、逆に、新たな企業にチャンスを生み出しているのは間違いなく、その分我々も、新しい可能性を楽しめることになる。特に日本企業は、この種のビジネスの中核となるプラットフォーム作りが苦手といわれる。だから悲観的な話も多いが、スマートフォンにおいてですら、パーツ供給やアプリ開発などで、欠くべからざるパートを務める企業は多い。交通インフラや自動車などのモビリティは、日本企業のお家芸。だから筆者は、意外と楽観的に見ている。そもそも新しい世界を作るのに、日本だ世界だというのは無粋なものだ。

他方、本書の中で述べてきたように、すでに現在も、我々の行動は常に記録され、分析可能な状態にある。そこから離れるには、ネットにかかわる一切のものを捨てるか、ネットの良さを大幅に切り捨てて、窮屈な形で利用するしかない。そんな解決策は建設的ではないし、そもそも非現実的だ。好むと好まざるとにかかわらず、我々は「個人情報や属性情報が通貨化した世界」でやっていくすべを見つけねばならない。「個人の情報」と「個人の属性」

を切り離し、個人にとって不快でない世界を作ることが、これからの社会にとってきわめて重要なことだ。ビッグデータにかかわるビジネスにおいて議論が巻き起こるのは、それをどれだけきちんと行っているのか、外部から監視するのが難しい、という点にある。企業や政府が自らを律するのは難しいことだ。そのため、欧米でも日本でも、そうしたデータの扱いについては、法整備の議論が進められている。

そこでなにをなすべきか、また「なさざるべき」か。

筆者には明確な答えはない。きっと誰の中にも存在していなくて、進みながら出来上がっていくのだろう。インターネットは実際、そうして進化してきた。

日本はそこで、完全さを求めるあまりにブレーキを踏みがちだ。ブレーキも時には大切だが、踏みっぱなしでは世の中の活力を削ぐ。iモードで生まれた変化がスマートフォンで花開いていない理由も、そうした点にある。

アクセルとブレーキの踏みどころをいかに判断するか。企業の浮沈はその辺にありそうだ。無為に集めることをせず、分析したデータを「快適だと思える」方向に使うには、人々がどのような生活を快適だと思うのか、そのためにどこでアクセルを踏むべきか、という戦略眼が求められる。

今は、企業・国・個人のだれもが手探りだ。お互いが必要とする条件を出し合って、良い落としどころを見つける、最後の機会なのかもしれない。機器やサービスを、そうした視点で見直してみてはいかがだろうか。

ずっと、人が人を支えて世界は回ってきた。楽をするには対価を払い、多くの人に助けてもらわねばならない。だが現在はＩＴ技術によって、コンピュータの助けも借りられるようになっている。極論すれば、「スマホのその次の世界」にあるのも、楽をしたり新しいものを見つけたりするときに、「人だけでなく、コンピュータシステムに助けてもらう割合が増える」ということだろう。あなたは、どんなことを助けてほしいと思うだろうか。そして、それに支払う対価はどこまで許容できるだろうか。

西田宗千佳（にしだ・むねちか）

1971年福井県生まれ。ネットワーク、IT、先端技術分野で第一人者のフリージャーナリスト。主要紙誌やウェブメディアなどに取材記事と個人向け解説記事を寄稿する。著書に『漂流するソニーのDNA　プレイステーションで世界と戦った男たち』（2012年、講談社）『スマートテレビ　スマートフォン、タブレットの次の戦場』（2012年、アスキー新書）他がある。自著の多くを積極的に電子書籍としても販売している他、月に2回、毎号書き下ろしの短編電子書籍を販売する個人メディア「西田宗千佳のRandom Analysis」を展開、新しいメディアの形と取材内容のアウトプットのあり方を模索している。

顧客《こきゃく》を売《う》り場《ば》に直送《ちょくそう》する
ビッグデータがお金《かね》に変《か》わる仕《し》組《く》み

2013年11月28日　第1刷発行

著　者　西田宗千佳《にしだむねちか》

発行者　鈴木 哲

発行所　株式会社 講談社
東京都文京区音羽2-12-21　〒112-8001
電話　出版部（03）5395-3522
　　　販売部（03）5395-3622
　　　業務部（03）5395-3615

印刷所　株式会社精興社

製本所　株式会社国宝社

ISBN978-4-06-218608-7　N.D.C.694　214p　19cm